LA FEMME DU NOTAIRE

PAR MAXIMILIEN PERRIN.

II.

PARIS,
CHARLES LE CLERE, LIBRAIRE-ÉDITEUR,

LA FEMME DU NOTAIRE.

En vente :

Mémoires du prince de Talleyrand-Périgord. 4 vol. in-8°.
Souvenirs d'un Fantôme, par Lamothe-Langon. 2 vol. in-8°.
La Chambre des Poisons, par P.-L. Jacob. 2 vol. in-8°.
Albertine, par Michel Masson. 2 vol. in-8°.
César Birotteau, par Balzac. 2 vol. in-8°.
Le Lys dans la Vallée, par le même. 2 vol. in-8°.
Le Père Goriot, par le même. 2 vol. in-8°.
Le Livre Mystique, par le même. 2 vol. in-8°.
Le Médecin de Campagne, par le même. 2 vol. in-8°.
Le Sac de nuit de sir Robert, par Dinocourt. 2 vol. in-8°, ou 4 vol. in-12.
La Sorcière des Vosges, par le même. 2 vol. in-8°.
Deux Reines, par Alfred Delille. 1 vol. in-8°.
Maruzza, par Spindler. 2 vol. in-8°.
Deux Frères, par madame Niboyet. 1 vol. in-8°.
Henriette, par Michel Raymond. 2 vol. in-8°.
Maria, par le même. 2 vol. in-8°.
Vieux Mari et Jeune Femme, par Dupuis. 2 vol. in-8°.
Deux Renégats, par de Bast. 4 vol. in-12.
Nuits de Rome, par J. de Saint-Félix. 2 vol. in-8°.
Clara de Noirmont, par madame Marie de l'Épinay. 1 vol. in-8°.
Les Sorciers de Campagne, par L. de Buzonnière. 2 vol. in-8°.

Sous presse :

Le Bambocheur. 2 vol. in-8°.
Le Neveu du Curé, par Dinocourt.

LA FEMME DU NOTAIRE

PAR MAXIMILIEN PERRIN.

II.

PARIS,

CHARLES LE CLERE, LIBRAIRE-ÉDITEUR,
A LA LIBRAIRIE DES CABINETS DE LECTURE,
Rue Git-le-Cœur, 10.

1841.

icon # CHAPITRE PREMIER.

Ris faux, amitié feinte, estime contrefaite,
Voilà de ce beau monde une image parfaite.

(Suite.)

— Et que devîntes-vous ensuite ? Ne revîtes-vous plus Marie après cette catastrophe ? s'informe Daubremont en voyant Dulac garder un morne silence.

—Non, car une lettre que je trouvai en arrivant à Paris, m'engageait à me rendre tout de suite auprès de mon père mourant. Je ne voulus cependant pas partir sans m'être assuré avant du sort de Marie, et la secourir au besoin; j'envoyai donc, le lendemain, prendre des informations à Colombe, d'où mon messager revint m'apprendre que Dargenson avait chassé impitoyablement son épouse du toit conjugal, et qu'on ignorait le lieu où la mère et la fille s'étaient retirées. Inquiet du sort de ces infortunées, je les cherchai vainement pendant plusieurs jours, sans les rejoindre, sans recevoir de leurs nouvelles, et cependant Marie connaissait ma demeure; enfin, je me ressouvins de mon père; je quittai Paris, et arrivai, hélas! trop tard, car je ne trouvai plus que sa dépouille mortelle : il était expiré en m'appelant, le matin même.

— Ainsi vous ignorez absolument ce que sont devenues Marie et son enfant?

— Absolument; seize ans se sont écoulés sans que j'aie reçu d'elles la moindre nouvelle; et cependant, il m'eût été doux de les revoir, d'embrasser mon enfant, de lui donner tout mon amour, mes soins, de remplir envers lui les devoirs d'un père, termine Dulac avec émotion.

— Et c'est ce Dargenson, cet homme que vous avez tant offensé, dont vous n'avez droit d'attendre aucune pitié, qui se trouve être aujourd'hui votre créancier?

— Hélas oui! par une fatalité que je ne puis concevoir... Cet homme m'aura reconnu, et, désireux d'assurer sa vengeance, il s'est rendu maître de toutes mes créances, afin de me poursuivre impitoyablement.

— Il faut voir cet homme, obtenir du temps.

— Impossible! son huissier m'assure qu'il

n'est pas à Paris, qu'il lui a donné l'ordre de me poursuivre sans relâche. Or, je suis perdu, mon cher Daubremont, si un ami généreux et dévoué ne vient à mon secours.

— Je comprends votre embarras, mon cher ; hélas ! pourquoi faut-il que j'aie signé hier un placement qui m'emporte tout ce que j'ai d'argent comptant ?... Mais, dites-moi, ne pouvez-vous pas vous adresser à votre beau-père en semblable circonstance ?

— La somme est trop forte ; ensuite, je n'oserais : que dirait Diana ?... Je n'ai donc de ressource qu'en vous, Daubremont ; de grâce ! voyez ce Dargenson, tâchez d'apprendre de son huissier en quel lieu est cet homme ; essayez de le rejoindre, de l'attendrir en faveur d'un malheureux dont sa rigueur causera la ruine.

— Soit ! je ferai tous mes efforts pour accommoder cette affaire; comptez sur mon amitié, mon dévoûment; je prétends même m'engager, répondre pour vous; or donc, respirez, mon cher Dulac, et ne vous livrez pas ainsi au désespoir.

— Ah! mon ami, que de reconnaissance ne vous devrai-je pas, dit le notaire en pressant avec transport la main du perfide.

Encore un long entretien où Dulac continue d'exposer ses affaires et ses ressources à Daubremont, où il se livre à lui corps et âme; puis, un petit groom qui vient annoncer au notaire que madame, ayant à l'entretenir, le prie de vouloir bien passer un instant chez elle.

— Faites ce que souhaite votre charmante épouse, mon cher, ne vous gênez pas, et laissez-moi m'éloigner, afin de travailler à votre repos, cela en voyant l'huissier, en m'informant de votre créancier.

Cela dit, Daubremont quitta Dulac qui, pour lui, refusait de se rendre à l'invitation de son épouse. Un délicieux boudoir, où, sur un soyeux divan, entourée de flots de mousseline brodée, Diana est couchée mollement dans le plus gracieux et le plus coquet négligé. La jolie femme sourit en voyant entrer son époux, puis jette sur une petite table en laque le journal des modes qu'elle parcoure en ce moment, et, de la main la plus jolie, fait signe à Dulac de venir s'asseoir au près d'elle.

— Je me rends à vos ordres, chère Diana, qu'exigez-vous de votre tendre époux? dit le notaire en prenant place, et après avoir porté à ses lèvres la main divine de Diana.

— Savez-vous, mon ami, que ce n'est pas

tout bonheur d'être l'épouse d'un notaire, d'un homme que ses affaires tiennent continuellement éloigné de sa femme?

— Hélas! en pareille circonstance, n'est-ce pas moi, madame, qui suis le plus malheureux? moi qui voudrais sans cesse être à vos genoux, et recueillir les charmans propos, les tendres sourires échappés de votre bouche gracieuse.

— Très joli! on ne peut être plus galant que vous, monsieur; aussi suis-je forcée de vous aimer quand même je ne le voudrais pas, quand même je désirerais vous punir des mille refus que vous me faites essuyer chaque jour.

— Diana, chère Diana! ne m'adressez que de justes et raisonnables demandes, et mon bonheur sera d'y souscrire aussitôt.

— Comment, monsieur, mais je ne demande jamais que des choses raisonnables et nécessaires. Croyez-vous, par exemple, que je puisse plus long-temps vivre ainsi loin du monde, dont vous m'exilez? Non certainement ; aussi, mon ami, ne t'étonne donc pas si, demain, cent personnes au moins se rendent ici à l'invitation que je leur ai adressée...

— Demain, cent personnes? s'écrie Dulac avec surprise.

— Oui, monsieur, un bal magnifique que je donne, un festival où se réunira la plus brillante société.

— Mais, Diana, c'est impossible! je ne peux...

— Silence! mon ami, car tout est possible avec de l'argent, et, grâce au ciel, nous n'en manquons pas. Or donc, de Brissac, homme à tout, excellent ordonnateur, s'est chargé des préparatifs, et de vous éviter toute espèce d'embarras. Plaignez-vous donc, monsieur, lorsque vous n'aurez qu'à quitter votre étude pour recevoir la société.

— Ainsi tout est disposé, et il n'y a plus à s'en dédire? interroge Dulac.

— Comme vous dites, monsieur.

— Alors, je me soumets, et cependant il m'eût été agréable que ma femme me consultât pour donner cette fête.

— Mon Dieu oui, pour recevoir un refus, n'est-ce pas? Ma foi, monsieur, je prétends être un peu maîtresse désormais dans mon intérieur, répond la jeune femme d'un ton décidé.

—Cependant, Diana, il ne faut pas, pour

satisfaire de dispendieuses fantaisies, dissiper son argent sans compter.

— Ce que vous dites là, Dulac, est hideux, pitoyable! En vérité, vous ne faites nullement honneur à votre fortune, mon ami, et c'est avec regret que je m'aperçois que vous êtes avare.

— Avare! moi, madame, ah! vous me faites injure.

— En tout cas, monsieur, c'est ce dont je m'assurerai demain, à la grâce, à la bonne volonté que vous mettrez à solder les jolis chevaux, la voiture que j'ai achetés, et que j'attends d'un moment à l'autre.

— Des chevaux, une voiture! et cela après la défense que je vous en ai faite!.. oh non! c'est impossible! Diana, vous vous raillez de moi, et n'avez pu faire cette folie.

— Je l'ai faite, monsieur, parce qu'il est indécent que la femme d'un des premiers notaires de Paris, d'un homme qui a près de cinquante mille francs de rente, aille à pied dans les rues de Paris ainsi qu'une petite marchande; ensuite, monsieur, n'oubliez pas que je vous ai apporté trois cent mille francs en mariage.

— Diana! Diana! au nom du ciel! ne prenez pas cette voiture; peut-être, en ce moment, ne serais-je point en mesure d'en solder le prix.

— Vous plaisantez, mon ami; quoi! vous prétendez me faire accroire que vous n'avez point dix mille francs en caisse à la disposition de votre femme? allons donc!

— Non, madame, non, je ne les ai pas! des avances continuelles, les enregistremens, un placement que je fis ces jours derniers, me mettent en ce moment dans la gêne.

— Vous emprunterez et paierez, monsieur... oui, vous paierez, n'est-ce pas, Dulac, mon ami, mon cher ami?...

En disant ainsi, après être passé du ton impérieux au langage le plus calin, Diana enlaçait de ses jolis bras le cou de son mari, et ses lèvres vermeilles caressaient son visage.

— Ainsi donc, ma chère amie, nul moyen de te faire renoncer à cet attelage, à ce meuble luxueux?...

— Aucun, Dulac, car il est le vœu le plus ardent de mon ambition; et puis, reprend la jeune femme avec sa jolie petite moue, en penchant sa belle tête sur le sein de Dulac, Charlotte, jadis si pauvre, mais dont la mère, à ce qu'on m'a dit, vient d'hériter d'une belle fortune, Charlotte a voiture en ce moment; décidément, je ne puis rester au-dessous de cette fille, lui permettre de m'éclabousser.

Dulac, enivré par les caresses de la syrène, n'a plus la force de résister à ses ruineux caprices; tout entier au bonheur dont elle l'inonde en ce moment, il oublie tout, peines, avenir, sombres nuages prêts à fondre sur lui, pour savourer, entre les bras de la plus belle des femmes l'amour et la volupté; ah! c'est que ces tendres et délicieuses caresses, provoquées par la jeune épouse, auxquelles elle s'est livrée avec cœur et âme, ont ranimé le courage abattu de Dulac.

— Non, pense-t-il en ce moment en contemplant le beau visage de Diana tout humide de baisers, une femme qui aime avec autant d'ardeur, qui le prouve si bien, n'abandonnera pas son époux dans le malheur; elle deviendra son consolateur, son appui, sa seule et meilleure amie; or, tout n'est donc pas perdu pour moi, et je peux encore espérer le bonheur !

— Qu'est-ce, mon Edouard? s'informe tendrement Diana en voyant son époux silencieux et rêveur.

— Oh! Diana, je pensais à toi, à l'amour que tu me témoignes, et j'étais fier, heureux !

—Heureux? Edouard, mais alors pourquoi cette larme qui brille sur ta paupière? s'informe Diana avec inquiétude, en essuyant de son mouchoir les yeux de son époux.

— Ah! c'est que mon cœur questionnait l'avenir en ce moment, répond Dulac.

— Et que demandait-il à ce dieu mystérieux?

— Si Diana m'aimerait encore, même dans le malheur, si ce dernier venait me frapper.

— Grand enfant! qui se plaît à se tourmenter! Ensuite, monsieur, cette demande est une injure pour moi ; oseriez-vous donc douter de mon cœur?...

— Non, mais...

— Vous en êtes tenté, n'est-ce pas; c'est mal, très mal! Au surplus, contentez-vous du doute, si mieux vous n'aimez en croire mes paroles, et que le ciel nous garde d'une semblable épreuve! termine vivement Diana, en donnant un nouveau baiser à son mari.

En ce moment, un bruit qui se fit entendre dans la pièce voisine interrompit le tête-à-tête des deux époux, et bientôt un petit coup frappé sur la porte la fit ouvrir par l'importun de Brissac.

Pardon! mille pardons si je vous dérange, tendres époux; mais, fidèle à ma promesse, je viens, madame, faire auprès de vous et avec vous un peu de musique, dit le jeune homme, que la réunion et le bon accord des époux fait grimacer en dessous.

— Soyez donc le bien venu, galant et fidèle cavalier, répond Dulac en souriant.

— De Brissac, vous voyez une femme ravie, qui aime son mari à la folie; car vous saurez, mon ami, que le mien approuve notre bal de demain, qu'il consent à payer ma voiture, mes chevaux. Concevez-vous maintenant ma joie et mon bonheur? dit gaîment Diana à de Brissac.

— Cela ne me surprend pas, madame, car les désirs d'une jolie femme sont des ordres pour nous autres hommes galans. Mais passons au salon, et hâtons-nous d'étudier ce morceau que nous devons exécuter en présence d'une nombreuse compagnie.

— Volontiers, répond Diana en se levant pour suivre son époux et de Brissac au salon. Puis, reprenant : Mon ami, lorsque vous retournerez à l'étude, veuillez m'envoyer Tourniquet, j'ai quelques commissions à lui donner.

De Brissac saisit son violon et l'accorde, Diana se place à sa harpe; l'étude commence, et Dulac se retire, car diverses signatures l'attendent dans son cabinet.

— Ah! il consent? parole d'honneur, je n'en reviens pas! Il n'y a que vous, cher ange, pour apprivoiser les sauvages, et délier la bourse de l'avarice.

— De Brissac, encore une fois, je n'aime point à vous entendre parler de la sorte de mon mari, ni l'accuser d'un ridicule, d'un vice qui sont loin de son cœur.

— Allons, je vois qu'il y a chez vous, ce jour, surabondance de tendresse conjugale, belle dame, et en ce moment, chance de vous déplaire en se servant envers votre époux de cette arme dont vos justes plaintes, vos griefs contre son ex-galanterie, m'autorisaient encore à me servir, hier, comme simple badinage.

— Hier, c'est possible, mais aujourd'hui non, car mon mari est un homme charmant, que j'aime de tout mon cœur, entendez-vous, monsieur le caustique; et si vous ne voulez que je vous prenne en aversion, faites en sorte de ne point faire chorus lorsque, dans mon injustice, j'ose élever quelque plainte contre Dulac.

— L'avis est utile, et j'en profiterai.

— Vous ferez bien, monsieur, car voyez-vous, on peut se fâcher soi-même contre ceux qu'on aime, être injuste, quelquefois même méchant à leur égard, et malgré cela on prend toujours en grippe ceux qui vous en parlent mal et vous mettent le doigt sur leurs défauts : telle est votre mauvaise habitude, de Brissac.

— Alors, vous me détestez à cause de cela?

— Non, je suis malheusement trop indulgente pour vous, et la preuve, c'est que je vous aime comme un frère.

— C'est beaucoup et trop peu, hélas!

— Ah ! et jusqu'à quel point faudrait-il porter ce sentiment à votre égard pour que vous soyez satisfait, monsieur ?

— Je ne puis répondre à cette demande, madame : à mes soins, à mes assiduités, à votre pitié, enfin, le soin d'éclairer votre cœur sur la force des sentimens que j'implore de vous.

— Mais, Dieu me pardonne, c'est presque une déclaration d'amour que contiennent ces paroles, fait Diana en fixant de Brissac.

— Je me tais, madame, car je n'ose ; mais je souffre !

— Votre violon est-il d'accord, monsieur? s'informe Diana avec sévérité.

— Oui, madame.

— Alors qu'attendons-nous pour commencer ?

— Vos ordres ; mais avant d'étudier notre musique nouvelle, si vous daignez m'accompagner, je chanterai ce morceau de don Giovani, vous savez, madame,

La mi darai la mano,
La mi dirai di si.

je crains de l'avoir oublié.

— Vous aimez à vous rappeler les paroles de ce don Giovani, de ce séducteur de toutes les femmes : ce rôle, en effet, vous convient à ravir, monsieur; mais vous me dispenserez, s'il vous plaît, d'entendre aujourd'hui exprimer son doux et fade langage....... A propos, et les invitations à mon festival ?..... reprend vivement Diana.

— Mes valets les ont toutes portées à leurs adresses.

— Fort bien ! Avez-vous passé chez mon carrossier ?...

— Pour la livraison de votre équipage ? oui, madame; demain cette élégante voiture sera sous votre remise ; j'ai fait plus encore, je suis allé, sans votre ordre, il est vrai, trouver cette marchande à la toilette ; elle consent à vous livrer aujourd'hui ce superbe cachemire, à en attendre un mois le paiement.

— O ciel ! un cachemire de 6,000 francs! Mais vous avez eu tort, de Brissac; j'avais presque oublié cette folie, et vous venez me la rappeler; ah! vous êtes mon démon tentateur.... Six mille francs ! mon mari ne voudra jamais sacrifier cette somme pour un châle !

— Quoi ! il permet l'équipage et défendrait le cachemire? ce serait d'un ridicule impardonnable. Croyez-moi, il faut le contraindre à être galant jusqu'au bout; à vous donner ce châle, qui, dit-on, vient de madame sœur du roi, et qui fut le plus riche de sa garde-robe.

— Mais mon mari, mon mari !... s'écrie Diana avec une folle impatience.

— Nous le mettrons à la raison.

Un domestique vient en cet instant annoncer mademoiselle Charlotte Fontaine, et une minute après on introduit la jeune fille qui, dans une élégante et riche parure, accourt en sautillant embrasser Diana.

— Bonjour, Charlotte, ah ! comme tu es mise avec goût ! le charmant chapeau, le magnifique cachemire que tu as là ! exclame Diana, en admiration et contemplant Charlotte de la tête aux pieds.

— Ah dame ! ma chère, c'est que je n'aime que le cossu, le beau, moi ; mes moyens me permettent de me donner tout ça, vois-tu.

— Mais ta mère a donc fait un très riche héritage ?

— Je crois bien! 50,000 liv. de rentes que nous a laissées un de nos oncles, nabad, aux Grandes-Indes ; et de Brissac de se retourner pour ne point éclater de rire au nez de l'impudente menteuse.

— Tu habites, dit-on, un élégant hôtel rue St-Florentin.

— Où je t'invite à venir me voir souvent, ma chère ; j'enverrai, si tu veux, mon équipage te prendre chaque jour.

— Oui, je sais encore que tu as équipage. Est-il riche ?

— Magnifique! au surplus, tu n'as qu'à jeter un coup d'œil dessus à travers cette fenêtre.... Vois, ma chère, livrée frisant celle du juif de la rue Laffite, bleu clair, avec aiguillettes, cocher en perruque blanche et bas de soie.

— En effet, tout cela est fort beau. Je veux une livrée semblable, répond Diana, dont en ce moment les yeux expriment l'envie et le dépit.

— Sais-tu, Diana, que j'ai acheté au petit Folicourt la villa d'Anières, où s'est faite ta noce ?....

— En vérité, tu n'as que des choses admirables, Charlotte.

— Oui, j'aime le beau, mes moyens me le permettent. Vois ce Thibet, ma chère, 11,000 fr., rien que ça.

— Je suis sur le point d'en acheter un aussi beau.

— Bah ! ton mari s'humanise donc ; on le disait avare, qu'il te privait de tout.

— On ment alors, car Edouard est le plus généreux des hommes ; et, grâce à sa bonté, moi aussi, je vais avoir voiture, livrée, cachemire et château, répond vivement Diana, rouge et humiliée.

— Alors, tant mieux, ma chère, tant mieux ! car sans toutes ces bagatelles, une femme ne peut se présenter dans le monde, et sent l'épicière de dix lieues à la ronde.

A ce mot épicier, lâché avec intention de la part de Charlotte, Diana rougit encore plus, et se mord les lèvres jusqu'au sang ; ce que voyant de Brissac, et prenant la pauvre femme en pitié, fait que, s'adressant à la nièce du nabad, dans l'intention de rabattre sa jactance :

— A propos, vous savez la nouvelle du jour, Charlotte ? fait-il entendre.

— Non, quelle est-elle ? s'informent les deux dames en chœur.

— On dit que le petit banquier Folicourt,

ce crésus lilliputien, se ruine en ce moment pour une grisette d'une beauté fort ordinaire, à qui le malheureux fait jouer le rôle d'une duchesse.

— Comment, cet homme a cette bassesse? fait Diana avec dégoût.

Et Charlotte, qui a saisi le coup de patte, baisse les yeux, et devient à son tour plus rouge qu'un coq de bruyère; puis, se remettant aussitôt :

— Diana, sais-tu ce qu'est devenue Valentine? on dit qu'elle a quitté, ainsi que sa vieille mère, la maison de ton père presque subitement.

— J'ignore où elle peut être, je ne la recevais pas, et cependant c'était une bonne et vertueuse fille.... Oui, je crains d'avoir été trop fière avec elle.

— Tu n'ignores pas, sans doute, que ce gros ami de ton père, ce M. Daubremont, voulait absolument la marier à André, son neveu, votre successeur rue des Cinq-Diamans, ton ancien prétendu enfin ; que c'est au moment de conclure ce mariage que Valentine a disparu.

— Peut-être lui est-il mort aussi un oncle aux Grandes-Indes, fait en souriant avec ironie de Brissac.

Et Charlotte, pour toute réponse, lui lance un regard furieux.

— Ah ça, Charlotte, je compte sur toi pour mon bal de demain.

— Je serai exacte; ma chère, aussi vais-je te quitter afin de passer chez ma couturière essayer la robe que je lui ai commandée à cette intention.

— Une robe à l'Indienne, peut-être, fait de Brissac.

— Non, monsieur, à la Sigisbé, répond spirituellement la jeune fille, en fixant le goguenard, qui pince ses lèvres à son tour, et tourne le dos en pirouettant avec une merveilleuse prestesse.

Quelques mots encore, et les amies se séparèrent.

CHAPITRE II.

L'amitié est un flambeau
que le moindre souffle éteint.

Le Festival. — Un Ennemi de plus.

Il y a bal ce soir chez le notaire Dulac, les salons sont resplendissans de luxe, de bougies, du décors le plus élégant; une foule d'invités, un essaim de femmes belles, jeunes et parées, circulent des salles de danses aux salles de jeu. Tous les parfums du plaisir et de la parure répandent partout le baume le plus suave ; là, sur une longue étagère, les produits des quatre parties du monde étalent leur gastronomique profusion, et ajoutent aux prestiges enchanteurs et ravissans de Terpsichore, à la vive mélodie des quadrilles de Musard et de Julien, l'ivresse des mets et des vins exquis. Il est deux heures du matin, la fête est à son apogée. Diana fait avec une aisance parfaite les honneurs de chez elle ; elle enivre, captive tous les cœurs par sa grâce, sa rare beauté, son sourire enchanteur ; son époux la seconde de tous ses efforts ; mais dans ses yeux, d'une expression si douce, à travers le sourir qui voltige sur ses lèvres, un observateur devinerait facilement l'inquiétude et le chagrin. Daubremont, avec une franche gaîté, prodigue aux maîtres de la maison fortes protestations d'amitié et de poignées de main ; de Brissac est d'une grâce, d'un enjouement, d'une galanterie désespérante pour les maris; lui et Diana, lors du duo, ont été couverts d'applaudissemens. Madame Ledoux, qui a faussé compagnie à son époux pour venir à Paris, assister au bal et passer quelques jours près de Diana, madame Ledoux donc, au comble de la joie, se pavanne avec orgueil dans les salons et prend une glace tous les quarts-d'heure.

Charlotte, mise comme une duchesse, la tête chargée de marabous, joue les grands airs, la femme de qualité, minaude, et à chaque compliment qu'on lui adresse, cache son visage derrière un éventail, puis, cite son hôtel, sa villa, sa voiture et ses gens à tout propos; Folicourt, toujours frétillant, bondit sans cesse dans les salons, cela, à la recherche de sa maîtresse dont il est amoureux comme un pigeon, et jaloux comme un léopard.

Tourniquet, frisé, bouclé, en toilette fashionable, abîmé par les courses dont on l'a accablé dans la journée, tant pour le service de l'étude que pour celui de la fête, quoique se soutenant à peine, suit Diana à distance respectueuse dans ses pas et démarches, afin de s'enivrer à son aise du doux bonheur de l'admirer.

— Sous quinze jours au plus, je veux donner une fête champêtre dans le jardin de ma villa d'Anières, disait Charlotte à plusieurs dames groupées autour d'une console.

— Fête indienne dont vous serez la plus belle bayadère, et Folicourt le grand Mogol, n'est-il pas vrai, belle marquise de Fontaine? fait de Brissac avec ironie, à l'oreille de Charlotte.

— Encore vous et vos éternelles railleries? Vous êtes inhumain, insupportable, monsieur de Brissac, répond la jeune fille après s'être éloignée du groupe.

— Oui, inhumain autant que vous méchante, qui me refusez impitoyablement le doux bonheur de visiter ensemble les charmans bosquets, les réduits solitaires de votre villa d'Anières.

— Est-ce donc là le moyen d'obtenir de vous trêve et pitié? répond Charlotte en souriant à de Brissac.

— Et de faire de moi le plus amoureux, le plus soumis des hommes.

— S'il en doit être ainsi, demain matin, à onze heures, je vais déjeuner seule à Anières, avis à ceux qui aiment les déjeuners champêtres et voudront se glisser en tapinois dans le petit Kiosque situé au fond du jardin, puis y attendre en silence mon arrivée, dit tout bas Charlotte.

— Jolie femme et bon vin me feraient courir au bout du monde. J'y serai dès neuf heures. Cela dit, de Brissac s'éloigne et se perd dans la foule.

— Que vous disait donc ce fat de Brissac, ma douce colombe? s'informe Folicourt, après s'être approché de Charlotte.

— Ce beau conteur de fleurettes me demandait un rendez-vous à ma campagne.

— Et vous avez refusé?...

— J'ai accepté, répond la jeune fille.

— Par exemple! fait Folicourt, avec surprise et mécontentement.

— Oui, j'ai accepté, parce que je veux mystifier ce fat, parce que vous y serez ainsi que tant d'autres que je projette d'y réunir...

— Bien ! très-bien ! je comprends, espiègle, un tête-à-tête où assisteront vingt personnes, absolument comme dans un opéra dont...

— Vous ne vous rappelez plus le nom : connu ! mon cher Folicourt ; mais grâce pour la citation, et faites-moi danser.

Maintenant, pénétrons dans ce petit boudoir où loin de la fête, de son bruit et de ses joies, Dulac vient de se retirer à l'écart, accompagné de Daubremont.

— Cette fête, ce monde me tuent, fait le notaire en tombant sur un divan et portant la main à son front.

— Allons, du courage, mon cher, dit Daubremont en se plaçant près de l'époux de Diana.

— Ainsi donc, vous n'avez pu rencontrer cet huissier depuis hier ? s'informe Dulac.

— Non, mais grâce à son premier clerc, je sais que Dargenson est attendu à Paris sous trois jours; je verrai cet homme, je lui ferai entendre raison, soyez-en persuadé.

— Que dites-vous de cette fête, de ce bal, que donne ma femme cette nuit?

— Quelle est superbe! mais que le moment est mal choisi.

— Dites que c'est l'enfer descendu chez moi; et penser que je n'ai pu empêcher un pareil scandale; que la crainte de déplaire à Diana, de lui faire soupçonner ma gêne affreuse, m'a fait consentir à recevoir cette foule d'importuns! Mais demain, demain! comment payer tout cela; plus encore, ces chevaux, cette voiture, amenés chez moi aujourd'hui, d'après l'ordre de ma femme, et que votre inexplicable complaisance m'a conseillé de ne point renvoyer?

— La chose est facile à comprendre cependant : dans votre position, il est important de ne pas vous mettre mal avec Diana qui, un jour, sera votre ange tutélaire, votre unique ressource.

— Est-ce donc une lâche condescendance qui doit nous assurer le cœur d'une femme? Et si Diana m'aime autant que je le pense, ne ferais-je pas mieux de lui confier tout de suite mes peines et ma position?

— Gardez-vous d'une telle imprudence! réfléchissez avant qu'il est possible que vos affaires s'arrangent, que, dans ce moment, je travaille à retirer mes fonds, à emprunter sur mes biens, et que, d'ici à un mois, je serai en mesure de placer près de trois cent mille francs en vos mains, desquels votre charge sera ma seule garantie.

— Ami généreux! ah! puissiez-vous réussir! et ma reconnaissance sera sans bornes.

—Il ne s'agit donc que d'obtenir du temps, d'empêcher le jugement dont vous menace Dargenson, et vous êtes sauvé ; car, un jour, la fortune de votre père ne viendra-t-elle pas à votre secours ? Or, silence envers Diana.

— Mais cette voiture, ces chevaux, comment payer tout cela demain ?

— Combien estimez-vous les diamans de votre femme?

— Y pensez-vous, Daubremont! priver Diana de ses parures ! s'écrie Dulac.

— Répondez, combien valent-ils ?

— Mais à peu près vingt mille francs.

— Bien! maintenant écoutez. J'ai connu un homme qui, ayant un fort paiement à faire, et n'ayant pour battre monnaie que l'écrin de sa femme, s'avisa de le lui soustraire et de remplacer, à l'insu de la dame, les diamans par du straz ; la ressemblance des pierres fausses avec les véritables diamans était telle que jamais la fraude ne fut découverte. Avis à vous, Dulac! dites un mot, confiez-moi, ce matin, l'écrin de Diana lorsque les diamans y auront été replacés, et je me charge de vous remettre, après demain, quinze mille francs qu'on m'aura prêtés sur les pierres, et une parure toute semblable et étincelante de mille feux.

Le notaire, surpris par cette singulière proposition, réfléchit un instant, oppose des si, des mais ; puis, pressé par Daubremont, encore plus par la nécessité, il finit par accepter, et promettre l'écrin. Quelques mots encore, et ils se séparent pour rentrer au salon, au moment où se terminait un galop, où de Brissac reconduisait à sa place la belle Diana avec qui il venait de danser.

— Un mot, beau cavalier, dit Daubremont au jeune homme qui, tout en nage, s'éventait en ce moment avec son mouchoir.

Tous deux se dirigent vers un lieu écarté et solitaire.

— Hé bien ! à quel point en est la séduction? interroge Daubremont.

— Encore à son aurore, à ma grande confusion, répond le jeune homme.

— Diable! vous ignorez donc que le temps presse, mon cher associé? que, pour frapper le grand coup, j'attends que vous ayez humanisé la dame !

— Fort bien ! mais pensez-vous que la femme qui aime son époux soit facile à séduire?

— Ne savez-vous donc brusquer les indécisions, emporter une vertu d'assaut? Allons, courage, soyez ardent, prompt, rapide; allumez les sens, et le flambeau de la raison s'éteindra; l'époux sera oublié, et la beauté vaincue.

— Quelques jours encore, et il ne sera pas dit qu'une femme m'aura résisté! répond de Brissac.

— Fort bien! mais se jeter, ainsi que vous le faites, des mois entiers, dans un délire platonique, une passion métaphysique, c'est donner à la raison d'une femme toute sa force et ses avantages... Les sens, mon cher, voilà le contrepoids de la raison; en un mot, moins d'amour de cervelle, et plus de goût pour le plaisir. Sachez que la femme la plus sévère apprécie parfaitement, sans s'en rendre compte, ces deux mobiles, et qu'elle est pour le dernier d'une indulgence, pour ne pas dire d'un goût décidé. Le premier la flatte, le second l'émeut ; l'un exalte, l'autre enivre ; voilà pourquoi en ce monde on voit tant de femmes résister aux désirs d'un amant timide, et céder aux caprices d'un libertin.

— Parfaitement sentir et raisonner ; mais jetez un coup d'œil à travers cette portière, voyez Diana qui, se croyant seule en ce moment avec Dulac, entoure de son bras gracieux le cou de son mari, vers la bouche de qui ses lèvres vont mendier un baiser, et dites-moi si de pareils faits ne sont pas capables de rebuter l'amant le plus épris ? dit de Brissac avec dépit, en indiquant à Daubremont les deux époux.

— Feu de paille, transports factices, allumés par les joies, l'enivrement du bal, monnaie de singe pour payer le don d'un carrosse, étourdir sur les dépenses d'une fête onéreuse, répond froidement Daubremont. En tout cas, reprend-il, je crois qu'il serait nécessaire de jeter un peu de jalousie dans le cœur de cette caressante épouse, sentiment dont je vous engagerais à profiter adroitement, mon cher de Brissac.

— En effet, la jalousie serait un puissant auxiliaire pour battre en brèche ce cœur tant rebelle à mes volontés.

— Qu'il en soit ainsi; car je m'engage d'exciter avant peu, et si fortement l'amour-propre, le dépit de Diana, que vous ne serez qu'un sot, mon cher de Brissac, si vous ne supplantez complètement l'époux; et pour cela, je vous accorde quinze jours; passé ce temps, marché rompu entre nous, vous redevenez mon débiteur.

— Diable! voilà un stimulant qui va me rendre aussi impertinent qu'audacieux, répond le jeune homme en riant.

La conversation finit par-là, car diverses personnes venaient d'entrer dans la pièce, et, par leur présence, d'interrompre les deux conspirateurs.

De Brissac, envieux de rejoindre Diana, rentre dans les salons ; mais la reine du bal en est absente. Le jeune homme parcourt les différentes pièces : en cherchant, il passe près d'une porte, celle du boudoir de Diana ; il entend la voix de la jeune femme et prête l'oreille.

— Ainsi donc, Diana, tu promets d'être exacte, songe que je tiens à réunir le plus de monde possible afin de mieux mystifier le fat qui, pour prix de son indulgence à ne plus tourmenter une pauvre fille, exige d'elle un rendez-vous galant, disait Charlotte.

— Partie convenue; à dix heures, ce matin, je serai à ta maison d'Anières, accompagnée de mon mari et de ma mère; car, aussi bien je brûle du désir d'essayer ma voiture et mes chevaux.

— Superbe! de mon côté, j'emmène, ce matin, Folicourt et quelques amis.

— Charlotte, dis-moi, je t'en prie, qui est celui que tu veux mystifier? demande Diana.

— Non, permets que je garde le secret, que je te ménage une surprise, répond Charlotte. De Brissac, ne désirant pas en entendre davantage, s'éloigne et rencontre Tourniquet face à face; Tourniquet, qui se promène seul, l'ennui empreint sur la face, les deux mains derrière le dos ; Tourniquet qui ne peut souffrir de Brissac, parce qu'il soupçonne cet homme d'être amoureux de Diana.

— Enchanté de vous rencontrer, seigneur Tourniquet, je vous cherchais, dit de Brissac en arrêtant le jeune homme.

— Monsieur, je ne suis pas un seigneur, mais un ex-droguiste, et, pour le quart-d'heure, clerc de notaire en l'étude de M. Dulac, répond Tourniquet d'un ton vexé.

— Enchanté de faire votre connaissance. Mais, écoutez-moi, madame Dulac vous prie de vouloir bien lui rendre un service

— Parlez, monsieur, parlez ! fait Tourniquet en prêtant aussitôt son attention, et se laissant entraîner par de Brissac, qui vient de passer son bras sous le sien.

— Il s'agit de déjeuner en tête-à-tête avec

une très-jolie femme, ce matin même, et pour cela, de vous rendre avec mystère au village d'Anières, d'escalader le mur du jardin de la maison appartenant au banquier Folicourt. Dans ce même jardin, et à son extrémité, se trouve un kiosque, où il faudra vous introduire et attendre en silence qu'on vienne vous y chercher. Vous sentez-vous ce courage, mon cher Tourniquet?

— Oui, si c'est Diana qui l'ordonne, répond le garçon tout pensif.

— Elle-même que vous y verrez; mais, ce n'est pas tout encore, vous aurez soin, une fois dans ce kiosque, d'en fermer les volets de manière à ce qu'il y règne une complète obscurité : après quelques instants d'attente, une femme pénétrera dans le réduit solitaire, et lorsqu'elle vous demandera si vous y êtes, répondez affirmativement et à voix basse...

— Bien, après ? s'informe Tourniquet.

— Après ? soyez aimable, galant, et retirez-vous le plus spirituellement possible de cette charmante aventure.

— Mais, le nom de cette femme ?

— Je l'ignore moi-même; qu'il vous suffise de savoir que telles sont les propositions que m'a chargé de vous faire la belle Diana.

— O ciel ! comment c'est elle qui... J'irai, monsieur : dites à Diana que ses désirs sont des ordres pour moi...... Cependant, une chose m'étonne, c'est qu'elle se soit adressée à vous pour me transmettre sa volonté.

— Pourquoi donc ? ne suis-je pas le très humble serviteur de sa gracieuse personne ?...

— Oui, oui, vous êtes heureux, sans cesse

auprès d'elle, à lui parler, à l'entendre, tandis que moi, son camarade d'enfance, à peine suis-je admis en sa présence, à moins qu'elle n'ait une commission à me faire faire.

— A ça, mon gaillard, seriez-vous par hasard amoureux de la femme de votre patron? dit de Brissac, en souriant.

— Moi! oh non, je n'ai pas d'amour pour elle, mais immensément d'amitié.

— Tourniquet, mon ami, vous êtes un sournois, n'importe, j'estime votre dévoûment envers Diana, et je veux vous en donner une preuve en vidant un verre de punch à votre santé, plus, en vous faisant conduire à Anières par un de mes gens, dans mon propre cabriolet.

Tourniquet, fort bon enfant au fond de l'âme, et qui ne demandait pas mieux que d'aimer les gens qui daignaient porter quelque intérêt à sa personne; Tourniquet donc accepte la proposition de de Brissac qui prélude par faire avaler au clerc une douzaine de verres de punch; puis, le voyant étourdi et tout à fait communicatif, l'entraîne à sa demeure au jour naissant, où en attendant l'heure du départ pour Anières, les deux nouveaux amis, déjà excités par le punch, vident chacun une bouteille de champagne.

Tourniquet, dont la vapeur du vin échauffe le cerveau, n'est plus cet homme paisible, mais un diable qui rit, chante et fait serment de tirer tout le profit possible du doux tête-à-tête que lui offre la dame inconnue; en quoi de Brissac, charmé de ces dispositions, l'approuve et l'encourage.

Trois quarts d'heure après avoir quitté de Brissac, et grâce à la vigueur d'un excellent cheval anglais, Tourniquet, déposé à Anières, escaladait le mur du jardin de la maison de Charlotte. Dix heures sonnaient à l'horloge du village comme notre clerc, après avoir hermétiquement fermé les volets du kiosque, et s'être étendu sur un canapé, s'endormait d'un profond sommeil en attendant la venue de la dame inconnue dans qui son imagination se plaisait à reconnaître Diana.

Il y avait au plus un quart d'heure que Tourniquet ronflait à faire trembler les vitreaux coloriés du kiosque, lorsqu'une main, en se promenant sur son visage, l'arracha au sommeil.

— Est-ce vous ?

— Oui, répond le clerc à voix basse à cette interrogation, et encore sous l'influence du champagne. Fidèle à ses promesses, Tourniquet entoure de ses bras la taille tant soit peu énorme de l'objet féminin et invisible qui vient de troubler son sommeil, la comprime en cherchant à l'attirer sur ses genoux.

— Finissez, monsieur; je suis venue pour jaser, et voilà tout, dit doucement l'invisible en opposant une forte résistance au jeune homme qui cherche sa bouche pour y déposer un baiser, et qui ne tenant nul compte de cette prière, reçoit un terrible soufflet pour prix d'un audacieux attouchement. Malgré la correction, Tourniquet, la tête montée, les sens enflammés, n'en poursuit pas moins ses entreprises amoureuses, et parvient à renverser la dame sur le canapé, où se continue une lutte offensive et défensive dans laquelle, ayant à faire à forte partie, le séducteur la figure et les mains déchirées par des ongles tranchants, reçoit en sus grand nombre de coups de poing. En cet instant change la scène, la porte du kiosque, ouverte rapidement, laisse pénétrer les rayons du soleil, qui de leur indiscrète lumière font voir à Tourniquet une grosse et vieille fille de basse-cour dans l'objet tentateur qu'il violentait avec tant d'acharnement, dans celle dont la pudique défense vient de mettre son habit neuf en pièces, son visage en sang. C'est alors que dégrisé, désenchanté, épouvanté, notre clerc recule d'horreur, et que voulant fuir il va se jeter, à peine sorti du kiosque, dans une foule de personnages, parmi lesquels il reconnaît avec effroi Diana, Charlotte, Folicourt, madame Ledoux, tous gens qui l'accueillent avec un cri d'effroi.

— Ce n'est pas lui !

— Mais non, c'est Tourniquet !

— Comment cela se fait-il ?

— Grand dieu ! dans quel état est le malheureux. Durant ce colloque, Tourniquet, honteux, désespéré, cherchait un passage pour s'enfuir, en se cachant le visage dans les mains.

— Ah ça, belle Charlotte, que me parliez-vous donc de de Brissac, et de certain rendez-vous ?

— Oui, monsieur, oui, s'était lui qui devait se trouver dans ce kiosque, lui à qui je croyais avoir envoyé, en mon lieu et place, Marietorne, ma fille de basse-cour. Oh ! je vous jure que j'étais loin de m'attendre à rencontrer cet imbécile où je cherchais un fat, répond Charlotte avec humeur aux paroles de Folicourt.

— Comment, Charlotte ! c'est M. de Brissac que tu prétendais mystifier à ce point ? y pensais tu ?.. fait Diana avec surprise.

— Pourquoi pas ? voyez le beau malheur

que celui de se venger et de se moquer d'un impertinent ! répond Charlotte avec humeur.

— Mais, ne t'es-tu pas trompée sur le sens de ses paroles, Charlotte; car je ne puis croire que M. de Brissac se soit permis de mésestimer assez une jeune personne pour oser lui proposer un rendez-vous.

— Pauvre innocente ! fait Charlotte pour toute réponse et en haussant les épaules ; puis s'adressant à Tourniquet, qui plein de confusion n'ose regarder personne : Et vous, beau muguet, beau séducteur, voulez vous m'expliquer qui vous a envoyé ici afin de déjouer mes projets ? s'informe-t'elle.

— Un traître, un scélérat, un perfide ! puis le punch, le champagne.

— Le nom de ce traître ?.. fait Charlotte avec impatience.

— Parbleu! de Brissac, par l'ordre de Diana, répond Tourniquet.

— Par mon ordre, jamais! fait la jeune femme.

— C'est cependant ce qu'il m'a assuré, cette nuit, ce matin encore, en me dictant la conduite que je devais tenir en cette circonstance.

— M. de Brissac a fait un indigne mensonge, une vilaine action en osant se servir de mon nom, afin d'exciter votre complaisance à servir ses projets, dit Diana avec sévérité et s'adressant à Tourniquet.

— De la part de M. de Brissac, il ne me surprend pas qu'une impertinence en couronne une autre; mais, pour qu'à ce rendez-vous qu'il m'assigna et reçut de bonne foi, il ait envoyé un autre que lui à sa place, il faut nécessairement qu'une personne qui lui porte un intérêt vif et tendre l'ait instruit de la mystification que je lui préparais afin de l'en garantir, dit sèchement Charlotte en fixant sur Diana un regard ironique et sigificatif, regard, dont Diana, dans son innocence, ne saisit ni l'expression ni la rancune qu'il renferme.

—Allons! tant de tués, que de blessés, il n'y a personne de mort ; oublions tout cela, et courons nous mettre à table; puis, comme dans un opéra dont je ne me rappelle plus le nom : Amis, le verre en main, livrons-nous à l'allégresse, etc., etc. Afin de suivre le conseil de Folicourt, on regagne la maison où tout le monde se met à table, hors Tourniquet, qui, abandonné sans pitié au fond du jardin, après s'être lavé la figure et les mains à une petite source, avoir réparé autant que possible le désordre de sa toilette, toilette fatale qui à chaque bal devait essuyer une avarie, escalade de nouveau le mur et se met pédestrement en route pour Paris. Ce déjeuner, offert par l'amitié, et où chacun espérait rencontrer plaisir et joie, s'écoula monotone et presque silencieux. Folicourt fit presqu'à lui seul les frais de la conversation, se plaignit fort de l'absence de Dulac, qu'un travail pressé avait empêché d'accompagner son épouse. Charlotte, ordinairement folle et enjouée, fit une moue affreuse, et s'obstina à se taire, malgré les provocations de son amant dont l'aventure du kiosque avait excité l'hilarité. Diana, délaissée pour Charlotte qui affectait d'éviter son regard, s'aperçut enfin qu'on lui battait froid. Ce fut alors que son amour-propre se révolta, et que, ressaisissant toute sa dignité elle fit signe à sa mère au sortir de table, demanda ses chevaux, et regagna Paris, sans daigner prendre congé de Charlotte.

— Eh mais ! où est donc notre gracieuse Diana ? s'informait un instant après Folicourt.

— Sur la route de Paris, où elle court porter à son amant la nouvelle de la défaite qu'il m'a fait essuyer ce matin, répond Charlotte.

— Son amant, dites-vous ? ma reine ! vous plaisantez, sans doute? Quoi ! Diana aurait un amant ! Et quel est l'heureux mortel ?..

— Qui ? de Brissac, ne l'avez-vous pas deviné? De plus, que la jalousie et le désir d'éviter à ce fat une mystification ont engagé Diana à le prévenir du piége que je lui tendais.

— Possible ! possible ! Oh ! ce pauvre Dulac déjà cocu ! fit alors Folicourt en ricanant.

CHAPITRE III.

De vous aimer, je fais serment ma chère!

O mort, tu as vaincu!

Où deux Amans reparaissent.

— Dieu ! ma fille, que t'as donc bien fait d'épouser un notaire : ce n'eût certainement pas été un sauvage épicier-droguiste, ennemi du luxe, du bien-être, et le nez continuellement enfoncé dans ses livres et sa cassonnade, qui t'aurait permis d'avoir un aussi bel équipage. Ah bien oui ! ainsi que ton père, qui s'amuse maintenant à planter ses choux, et ne veut plus sortir de son Luzarche, un mari de la sorte aurait eu trop peur de faire jaser le quartier, et se serait contenté du sapin le dimanche encore ! Oh ! comme cette voiture est moëlleuse, comme on se balance douillettement là dedans ! et puis, on va, on va ! que cela en donne des éblouissemens.

Ainsi, disait madame Ledoux en regagnant Paris, après avoir quitté Anières, et en se pavanant dans le riche équipage, mais à qui Diana, de mauvaise humeur, daignait à peine répondre.

— Ainsi, mon enfant, tu es heureuse, bien heureuse, je le vois, et bénis le ciel qui t'a donné un bon mari.

— Oui, ma mère, je suis heureuse; Dulac est le meilleur des hommes.

— Tant mieux, tant mieux ! chère petite, le ciel veuille qu'il en soit toujours ainsi; seulement, une chose qui me contrarie, ma Diana, c'est de rencontrer sans cesse chez toi ce M. de Brissac, dont il vient d'être si fort question chez Charlotte, Charlotte, dont la conduite aussi me semble louche; car je n'ajoute pas foi du tout, vois-tu, Diana, à ce prétendu héritage qui est venu si à propos enrichir cette fille, et lui donner une liberté qu'une mère prudente n'accorde pas à une jeune personne. Prends garde, ma chérie, tous ces gens-là me semble être de mauvaise vie, et leur fréquentation peut nuire à ta réputation.

— En effet, ma mère, dorénavant je serai plus prudente; déjà, je viens d'éprouver un humiliant échec qui, avant vos sages avis et vos observations, m'avait ouvert les yeux.

— Oui, Diana, oui, méfies-toi : la réputation d'une femme se perd facilement. Quant à moi, il n'en a pas fallu beaucoup pour me faire apercevoir et deviner que ce marquis de Brissac te fait la cour, que cette Charlotte, fille d'une ancienne choriste de l'Opéra, est maintenant la maîtresse du petit Folicourt ; et semblable société, mon enfant, ne convient pas à une femme honnête comme toi.

—Charlotte serait la maîtresse de Folicourt ! et j'aurais reçu de pareils gens ! quelle horreur ! s'écrie Diana avec indignation.

Encore quelques mots, et la voiture fût s'arrêter devant le péristyle de la maison du notaire. Diana rentrait de fort mauvaise humeur, malheur à celui qui devait se présenter le premier devant elle, car il devait supporter les conséquences de ce mécontentement, et ce fut de Brissac qui, depuis longtemps attendait au salon le retour de la jeune femme, qui se présenta à ses regards.

Diana venait de quitter sa mère qui, fatiguée d'une nuit passée sans sommeil, était allé prendre du repos dans sa chambre; Diana donc entra seule au salon, où de Brissac se leva à sa vue pour la saluer gracieusement.

— Ah! vous voilà, monsieur! est-il donc convenu qu'il ne se passera pas un seul instant sans votre présence ici? dit la jeune femme d'un ton sec.

— Quel dur et pénible reproche, madame! et à quoi dois-je attribuer une aussi cruelle réception?

— A votre assiduité continuelle près de ma personne, monsieur.

— Diana, quelqu'un vous a, ce matin, indisposé contre moi, et je crois deviner d'où part le coup douloureux que me porte votre froideur d'aujourd'hui...... Vous arrivez d'Anières, madame?

— Oui, monsieur, où j'ai reçu de vos nouvelles; aussi, vous prierai-je de vouloir bien dorénavant aller vous-même au rendez-vous que vous assignez, et ne point rendre les autres victimes de vos folies.

— Ah! ah! vous savez! et ce cher Tourniquet, comment s'est-il tiré d'affaire? comment les choses se sont-elles passées? de grâce! veuillez me raconter... fait de Brissac en riant aux éclats.

— Les choses se sont passées, monsieur, d'une façon fort humiliante pour moi, qui suis accusée, par la femme que vous vouliez mystifier, de vous avoir prévenu du piége qu'elle tendait à votre crédulité. J'ai dédaigné de m'excuser près de cette femme dont j'ai deviné la conduite et l'existence, et de laquelle vous m'avez fait une dangereuse ennemie. Or, monsieur, comme ma réputation m'est plus chère que tout au monde, et que cette Charlotte ne manquerait pas, par esprit de vengeance, de faire de votre continuelle présence ici le texe de ses calomnies, je me vois dans l'impérieuse nécessité de vous prier de suspendre vos visites chez moi.

— Ai-je bien entendu, Diana? qui, vous, m'imposer la défense de vous revoir; de vous admirer et de vous entendre! Hélas! mais c'est la mort, cruelle! que vous m'ordonnez là! Diana, chère Diana! en quoi donc suis-je si coupable? Une femme éhontée, la maîtresse du banquier Folicourt, hantait vos salons, sa présence faisait tache à votre réputation; vous sachant éprise pour elle d'une vive amitié, n'osant vous dévoiler sa conduite, affliger votre cœur, faire rougir votre front, je formai le dessin, à force de raillerie et de mépris, de chasser cette femme d'une maison que souillait sa présence. Cette nuit, poursuivi par mes sarcasmes, et afin d'obtenir grâce, Charlotte forme le projet de me désarmer par la séduction, et pour cela m'assigne un rendez-vous à sa maison de campagne : je l'accepte, mais dans l'intention d'y envoyer un de mes valets, afin de prouver à cette femme le mépris que je fais de son amour, de sa personne. En ce moment votre clerc, Tourniquet, se présente à mes regards, une idée bouffonne me saisit, et j'envoie ce malheureux, à mon lieu et place, user de la bonne fortune qui m'est offerte. Voilà tout mon crime, madame!

— Vous ne dites pas, monsieur, que ce fut

en mon nom que vous envoyâtes Tourniquet à Aniéres, en usant faussement de l'ascendant que j'exerce sur ce pauvre garçon qui, victime de votre plaisanterie, ne vous la pardonnera pas.

— Que m'importe la haine des autres, du monde entier, si Diana seule daigne m'aimer, répond de Brissac avec tendresse et soumission.

— Vous aimer, monsieur ! comment l'entendez-vous ? Vraiment, votre langage me paraît fort ambitieux.

— Comme frère, puis un peu d'amour.....

— Monsieur !...

— Oui, un peu d'amour de votre part en échange de tout celui que mon cœur ressent pour vous, oh ! ma belle Diana !...

— Assez, assez monsieur ! Osez-vous bien

me tenir un pareil langage? oubliez-vous que je suis épouse, que j'aime mon mari? s'écrie Diana avec feu.

— Grâce pour ma témérité, madame, grâce pour un amour plus fort que ma raison, répond de Brissac en mettant un genoux en terre.

— Non, non monsieur, nous ne pouvons plus nous revoir, tout s'y oppose; les sentimens que vous venez de m'exprimer, mon honneur, me font une loi de fuir votre présence.

—Diana, Diana! ne me chassez pas, cruelle; prenez pitié de mon martyr; laissez-moi exprimer encore à vos pieds cet amour qui consume ma vie, pour lequel je ne demande en échange que le bonheur d'être votre esclave, et souffert par vous.

— Laissez-moi, monsieur, cessez de me tourmenter ainsi ! perdez toute espérance, car jamais, non jamais ! je ne dérogerai à mon devoir d'épouse et de femme estimable.

De Brissac, la rage dans le cœur, sentant qu'il y aurait imprudence à pousser plus loin ses tentatives de séduction si près de l'époux, dans un salon ouvert à tous venans, se relève, le visage contrit, le regard baissé, en poussant un profond et douloureux soupir ; puis, tenant peu de compte de la défense de Diana, remettant à bientôt une seconde tentative, il salue la jeune femme et s'éloigne précipitamment en portant la main à son front ainsi qu'un homme désespéré, laissant ainsi la jeune femme, que sa conduite a émue et troublée, se livrer à mille pensées confuses.

Maintenant, pénétrons dans le cabinet du notaire, mais après que cinq jours se sont écoulés depuis les derniers événemens, enfin cinq jours après le bal offert par Diana, et voyons Dulac, après avoir donné audience à ses cliens, qu'il vient de reconduire jusqu'à la porte de son étude, s'emparer de plusieurs lettres que lui présente un de ses clercs, et rentrer dans son cabinet afin de prendre lecture de ces missives, dont une, attirant plus particulièrement son attention, est décachetée aussitôt de préférence. Pourquoi, à peine a-t-il porté les yeux sur le contenu de cette lettre, Dulac est-il saisi d'un soudain tremblement? Pourquoi ses lèvres pâlissent-elles? Sachons-le, en lisant avec lui les quelques lignes qu'elle renferme :

« Si Édouard Dulac a gardé le souvenir de
« Marie, de celle dont son amour, sa séduc-
« tion brisèrent le bonheur et l'existence,
« s'il se souvient que cette femme infortunée

« portait dans son sein le fruit de leur cri-
« minelle liaison, qu'il se rende alors à Cham-
« pigny, et sur les bords de la Marne, à une
« maison dite les Deux-Pavillons, qu'il de-
« mande madame Daubigny; mais qu'il se
« hâte, s'il veut encore trouver la mère de
« Marie vivante, s'il désire qu'elle place dans
« ses bras la jeune et infortunée Valentine,
« l'enfant né de ses amours. Venez, Dulac,
« hâtez-vous! car une vieille grand-mère,
« prête à quitter la vie, va laisser seule au
« monde, sans soutien ni ressource, exposée
« à tous les dangers, une pauvre fille, belle,
« innocente et pure. »

Dulac a lu, et sa surprise est extrême.
Quoi! il est père, et ne s'en souvenait plus!
quoi! l'enfant de Marie, de cette femme qu'il
aima et regretta de toute la force de son
âme, existe, et existe si près de lui! Marie,

Marie! objet cher et sacré du plus doux souvenir, ah! que ta mémoire soit respectée, que ta cendre repose en paix; non, Dulac n'abandonnera pas ton enfant et le sien, car déjà, sans le connaître, il l'aime et le désire. Oui, c'est beaucoup trop d'avoir fait le malheur de la mère, d'avoir causé son déshonneur, son abandon, sa mort, sans joindre à tant de crimes celui de refuser à la fille l'amour et les soins d'un père.

Ainsi pensait Dulac, en proie à la plus vive agitation. Puis, le souvenir de sa femme vint à sa pensée. Non, il ne lui fera pas connaître ce secret; peut-être Diana s'alarmerait-elle à l'idée de voir se partager, entre elle et un autre objet, la tendresse de son époux. Dulac est libre ce jour, car ce n'est que dans la soirée qu'il espère et attend Daubremont, son seul ami, son sauveur, selon lui; il peut donc se rendre aussitôt à l'invitation de la lettre; le temps presse, d'après ce qu'elle contient, en route donc! Voilà Vincennes, Saint-Maur, puis Champigny; voilà les bords charmans de la Marne, la Marne avec ses bords fleuris, ses îlots, son eau verdâtre; voilà un massif d'arbres, et, derrière, la maison des Deux-Pavillons qu'on lui a indiquée.

Dulac agite une sonnette, mais d'une main tremblante et le cœur palpitant; une jeune fille, belle et svelte, les yeux en larmes, l'expression de la douleur, du désespoir empreints sur les traits, accourt d'un pas rapide ouvrir au visiteur, qu'elle aperçoit à travers la grille qui ferme la maison.

— Ah! monsieur, vous êtes le médecin! accourez vite! ma chère aïeule est très-mal; venez, venez la sauver, la rendre à sa pauvre

Valentine! dit la jeune fille d'une voix émue, suppliante, en entraînant Dulac par la main jusqu'à la maison, où elle l'introduit dans une chambre.

Valentine! c'est elle, c'est sa fille! et le notaire, tout occupé à la regarder, ne pense ni à répondre, ni à désabuser la chère enfant sur la qualité qu'elle lui accorde.

— Mère! voilà le docteur, dit Valentine en s'approchant d'un lit où repose la malade, où Dulac, avec surprise, reconnaît madame Duclos, la mère de Marie, dans la pauvre femme dont la mort fait en ce moment sa proie.

— Non, je ne suis pas le médecin que vous attendez, Valentine, mais la personne à qui votre aïeule a écrit de se rendre ici : je suis Édouard Dulac, enfin.

—Valentine.... chère enfant, c'est ton

père!... qu'il te protége, oh! mon Dieu! Et cela disant d'une voix faible, la pauvre aveugle de tendre une main décharnée que Dulac presse aussitôt dans les siennes.

— Vous, mon père, monsieur... oh! mon Dieu! est-ce possible? fait Valentine en fixant le notaire avec des yeux où se peignent la surprise et la plus vive émotion.

— Oui, Valentine, oui, la fille de Marie est à moi. Viens donc dans mes bras, chère enfant, toi dans qui je retrouve tous les traits, tous les charmes de ta mère, dit Dulac en ouvrant ses bras, dans lesquels vient tomber Valentine, qu'il presse sur son sein, qu'il couvre de caresses.

— Ma mère! ma mère! s'écrie la jeune fille en s'arrachant des bras de son père pour se pencher sur la malade, dans qui elle vient d'apercevoir un surcroît de faiblesse, dont elle se hâte de soulever la tête, et qui expire dans ses bras : Morte ! morte ! oh, mon Dieu ! fait-elle avec désespoir ; puis elle tombe sans connaissance sur le lit.

Fermons les yeux sur cette scène de deuil, et reportons-nous à quinze jours plus tard, pour retrouver Valentine dans le petit appartement qu'elle et sa mère occupaient à Courbevoie, chez les époux Bertrand, où, d'après son désir, Dulac l'a reconduite, en la recommandant aux vieux propriétaires, et où la jeune fille, inconsolable de la perte de sa vieille mère, passe ses jours dans les larmes, en pensant un peu à André, André qu'elle aime encore de toute la force de son âme, et qu'elle n'a pas revu depuis l'instant fatal où la présence de Daubremont en cette maison brisa tout espoir d'amour et d'union.

Depuis la mort de son aieule, Valentine a

eu de fréquens entretiens avec son père qui, chaque soir, est venu la visiter. Cependant la pauvre petite n'a encore osé lui faire l'aveu de son amour malheureux. Dulac aussi, a gardé un secret envers sa fille, celui de son mariage avec une jeune et belle femme; plus, il a recommandé à Valentine un silence absolu sur son nom et les liens du sang qui les unissent, cela à l'égard de tout le monde, et en lui promettant de veiller sans cesse sur elle, sur ses besoins, sur son avenir. C'est aux vertueux et bons Bertrand que Valentine lui a présentés comme étant les anciens amis de sa grand-mère, que Dulac a recommandé sa fille en qualité de filleule, et cela en payant pour elle et d'avance le prix de la pension d'une année, malgré le refus des vieillards qui désiraient absolument garder et soigner l'orpheline comme leur propre enfant. Valentine, de retour dans cette demeure, aime à promener sa mélancolie sous les allées du jardin qu'elle parcourut tant de fois avec André, à s'asseoir sous ce berceau de chèvrefeuille où le jeune homme, d'un accent doux et tendre, lui parlait d'amour et d'union, où il se sépara d'elle pour la dernière fois, entraîné par son oncle. Ce soir, assise sur le banc placé sous le berceau, l'âme douloureusement affectée, les yeux humides et le menton appuyé sur sa main, Valentine tient ses regards fixés sur la grille de la maison, sur le petit chemin par où on y arrive, et cela, dans l'espoir de voir venir son père, quoiqu'il soit jour encore, et que Dulac n'ait pour habitude de la visiter qu'à la nuit close. Un homme longe le petit sentier, en se dirigeant à pas lents vers la grille; la jeune fille, ne reconnaissant pas la démarche de son père chez cet inconnu, observe ce dernier avec inquiétude ; son cœur bat, ô ciel! serait-ce une illusion! car ses yeux semblent apercevoir André dans cet étranger qui s'avance et fixe la maison d'un regard triste et curieux! Non, Valentine ne s'abuse pas, c'est André, c'est lui-même; alors elle pousse un cri de surprise et de joie, se lève et court ouvrir au jeune homme qui, l'ayant reconnue, lui tend des bras suplians.

— André! est-ce bien vous que je revois? s'écrie-t-elle en tombant sur le sein du jeune homme.

— Oui, moi-même, ma chère Valentine! O ciel! vous ici, de retour en cette demeure après une si longue absence!

—Oui, André, j'y reviens après avoir perdu ma mère! Mais vous-même, André, pourquoi votre présence en ces lieux, où vous ne contiez plus me retrouver?

— Valentine, ignorez-vous que, inconsolable de votre perte, je vous cherchais partout, que mon plus grand bonheur était de revoir ces lieux où, près de vous, j'avais passé de si doux momens.

— Vous m'aimez donc toujours, André?

— Toujours, plus que la vie!

— Oh bonheur! combien vous me rendez heureuse! Et votre cruel oncle, qu'est-il devenu?

— Il habite Paris, où un refroidissement envers ma personne et la fréquentation de nouveaux amis l'éloignent de moi.

— André, qu'est-ce qui nous priva de son estime, et vous entraîna loin de nous?

— Hélas! je l'ignore, et cependant, lui-même vous accuse, Valentine, ainsi que votre mère, d'avoir fui volontairement loin de moi, et, par cette absence, d'avoir rompu tous nos projets.

— Hélas! il nous accusait lorsque lui-même nous imposa l'ordre de nous éloigner de cette maison, afin d'empêcher son neveu, disait-il dit, d'épouser une fille dont la naissance est illégitime; car tel est mon seul crime à ses yeux, André! répliqué en soupirant Valentine.

— Ah! j'avais donc raison en l'accusant aussi de mon malheur! Mais désormais plus d'obstacle, car je suis libre, maître de ma personne. A moi la possession de Valentine et le bonheur! Réponds, ô ma douce amie! veux-tu être ma femme, mon épouse chérie? s'informe le jeune homme avec transport en pressant Valentine dans ses bras, sur son cœur.

— Oui, André, à toi pour la vie!

— Eh bien! viens, suis-moi, que dorénavant ma demeure soit la tienne, et que dans quelque jours un doux mariage unisse nos deux cœurs.

— Vous suivre, André! avant d'être votre femme? Non, je ne le puis, je ne le dois pas.

— Enfant! n'es-tu pas seule au monde maintenant; qui donc te blâmera de cette action?

— Ma conscience, André, me dit que je ferais mal. Laissez-moi près des respectables amis qui, dans cette maison, me tiennent lieu de père, de mère, de famille; demandez-leur ma main, et qu'ils m'accompagnent avec vous à l'autel.

— Oui, Valentine, je dois suivre les conseils que te dicte la vertu; oui, je veux les voir, leur demander ta main : conduis-moi vers eux, Valentine.

— Non, pas ce soir, André, mais demain, répond la jeune fille, qui pense à l'arrivée prochaine de son père, et veut éviter que Dulac et André se rencontrent ensemble. André, surpris du retard qu'apporte Valentine à l'exécution de ses plus chers désirs, en demande la cause; la jeune fille, qui ne peut s'expliquer, garde un silence embarrassé et baisse les yeux.

— Valentine, pourquoi ce peu d'empressement? réponds, réponds, de grâce!

Elle réfléchit, puis, levant enfin son regard vers son amant :

— André, dit-elle, à mon âge, une fille n'est pas libre de disposer de sa personne; la loi m'a donc imposé un tuteur, qui ignore notre amour, nos projets, et qu'il me faut consulter avant tout.

— En effet! cela doit être, et cette pensée

me remplit de nouveau, d'inquiétude et de trouble! Valentine, quel est ce tuteur! où est-il? que je me hâte d'aller le trouver et le connaître!

— Je l'ignore, André; mais il viendra ici bientôt, demain peut-être ; alors je lui ouvrirai mon cœur, je lui parlerai de vous, de notre amour.

— Et ce tuteur n'est pas M. Bertrand? Qui donc la nommé? Comment se fait-il que tu ignores sa demeure!

— Ma mère, à son lit de mort, me donna ce soutien; lui-même, inquiet sur mon sort, plein d'une douce sollicitude, m'a confiée aux amis de mon aïeule, en leur recommandant de veiller sur moi, sur mon repos.

— Cet homme est estimable, Valentine, ainsi le prouve le choix des gens à qui il t'a confiée; maintenant son nom? tu dois le savoir.

— Non, André. Ne m'interrogez plus, mon ami, et venez demain voir M. Bertrand qui vous fera connaître les intentions de mon tuteur.

Quelques instans encore d'un tendre entretien, et Valentine, voyant la nuit déjà close, prévient André qu'il faut se séparer, ce dont l'amant, heureux dans les bras de la jolie fille, se soucie fort peu ; aussi cherche-t-il à faire oublier le temps par de tendres discours, de délicieuses caresses données et rendues. Mais la prudence vient au secours de Valentine, qui s'arrache des bras de son amant, lui dit à demain, et s'échappe d'un pas vif et léger en se dirigeant vers la maison. André seul, reste un instant pensif: ce peu d'embarras, de dissimulation qu'il a remarqué chez Valentine lors de ses questions, ce silence sur son tuteur, et sa fuite précitée font naître en lui quelques inquiétudes; et c'est en soupirant qu'il s'éloigne plein d'impatience et du désir d'être au lendemain.

Valentine, en rentrant dans la maison, s'est rendue près de M. et madame Bertrand, mais non sans avoir avant, et au travers d'une croisée, guetté le départ son amant, à qui elle a envoyé un baiser de loin, baiser confié aux vents.

Les deux époux attendaient depuis longtemps la jeune fille pour prendre le repas du soir, et l'un d'eux se disposait même à aller à sa recherche lorsque Valentine parut.

— D'où viens-tu donc, enfant ? s'informe madame Bertrand.

— Du jardin, où je causais avec André, répond Valentine qui aussitôt fait part à ses amis de la visite inattendue du jeune homme et le détail de leur long entretien. Les bonnes gens grondent un peu la jeune fille de ne point les avoir prévenus de la présence du jeune homme, puis, le repas terminé, un coup de sonnette venant du dehors annonce à nos trois personnages la venue de Dulac, du parrain prétendu à qui Valentine va ouvrir en courant : c'est lui, dont la jolie fille reçoit un baiser, lui, dont elle baise les mains avec tendresse, respect, et qu'elle introduit d'abord dans sa chambre située au rez-de-chaussée, à qui elle présente un siége, et aux pieds de qui, elle prend place sur un petit tabouret.

— Mon père, je craignais que vous ne veniez pas voir, ce soir, votre Valentine, dit-elle en penchant sa jolie tête sur les genoux de Dulac.

— Oui, je suis en retard, ma chère amie,

7

mais n'en accuse que les affaires sérieuses qui m'ont retenu plus long-temps que je ne le désirais. Voyons, Valentine, qu'as-tu fait depuis hier, mon enfant? as-tu pensé à ton père, à ton ami?...

— Si j'ai pensé à vous! oh, sans cesse! Quant à mes occupations, j'ai, selon le désir que vous avez manifesté, repris mes livres et repassé mes études; et puis... j'ai reçu une visite, oh! une visite tout à fait inattendue, d'une personne dont je n'ai encore osé vous entretenir, mon bon père! termine Valentine avec timidité.

— Quelle est donc cette personne mystérieuse? s'informe Dulac avec inquiétude.

— André, mon père, celui que j'aimais, que j'aime encore; un jeune homme bon, sensible, et qui, malgré sa fortune et ma pauvreté, me désire pour sa femme; André, dont je devrais être l'épouse depuis long-temps si le caprice de son oncle, homme orgueilleux, ne nous eût pas séparés.

Dulac, surpris par cet aveu, exige de sa fille un récit exact et circonstancié de ses amours. Au nom de Daubremont, prononcé par Valentine, le notaire fait un geste de surprise, et lorsque la jeune fille a parlé, lui, se recueillant un instant, attribue à l'illégitimité de la naissance de Valentine le refus de Daubremont de l'unir à son neveu.

— Eh bien ! mon père, maintenant que vous m'avez entendue, que vous connaissez tous les secrets de mon cœur, que dois-je espérer et répondre à André ?

Que je serais heureux de le nommer ton époux, mais que cette union ne peut avoir lieu en ce moment, ma chère Valentine.

— Hélas ! soupire la jolie fille en baissant les yeux.

— Sache donc, mon enfant, que, par un hasard inconcevable, ce Daubremont, l'oncle de ton André, se trouve être mon ami intime...

— Quel bonheur ! alors, il ne pourra vous refuser la main de son neveu pour votre fille, mon père; pourquoi donc retarder mon mariage?...

— Pourquoi, Valentine ? parce qu'en ce moment, je ne puis avouer, même à Daubremont, que tu es ma fille; parce que ton père n'est point heureux, que des malheurs affreux le menacent encore, que sa ruine est peut-être prochaine, et que, dans une semblable circonstance, il lui est impossible de songer à ton établissement, et de permettre une union qu'il ne pourrait doter.

— O ciel ! vous êtes malheureux, et m'en aviez fait mystère ! s'écrie Valentine en pressant les mains de Dulac, en levant vers les siens des yeux baignés de larmes...

— Calme ce chagrin qui honore ton cœur, m a Valntine, car tout n'est pas perdu pour moi ; mes peines sont grandes, il est vrai, mais elles ne sont que pécuniaires, et le généreux Daubremont, par le prêt d'une partie de sa fortune, s'offre de les effacer toutes avant peu. Maintenant, Valentine, refléchis combien peu le moment serait propice pour contraindre cet ami à donner son consentement à une union qu'il a déjà brisée une fois ?

— Vous avez raison, mon père; oui, je dois renoncer à André ! soupire la jeune fille.

— Espère, enfant, espère, mais attend, et pardonne à ton meilleur ami s'il t'afflige en ce moment.

— Soyez heureux, mon père, même au dépend du bonheur de Valentine, tels sont les vœux qu'elle forme du profond de son cœur.

Dulac, attendri, prend la tête de la jeune fille dans ses deux mains, baise sa belle chevelure, son front pur et blanc, et par de tendres et douces paroles lui promet pour l'avenir bonheur, amour et félicité.

Valentine, d'après le désir exprimé de nouveau par Dulac, promet de garder précieusement ses secrets même envers André, André, dont un père n'exige point l'éloignement, mais dont les paroles recommandent et rappellent à sa fille la prudence et le devoir. Ainsi, Valentine recevra quelquefois

André, mais en présence de M. et madame Bertrand; et pour réponse à sa demande d'union, elle l'ajournera à un an, en appuyant ce long retard sur la volonté de son tuteur.

CHAPITRE IV.

Ah ! n'espérons plus rien, et partons sans attendre,
Car ils vont revenir; et vîte, sauvons-nous.

Abandon.

C'était un soir et sur la brune, la pendule de la chambre à coucher de la femme du notaire venait de sonner huit heures. Dulac, que ses affaires, au grand déplaisir de sa jeune épouse, entraînait souvent à cette heure hors du logis, avait quitté Diana en lui promettant un prompt retour ; et Diana, restée seule, rêvant chiffons et coquetterie, ayant quelques commissions à faire faire chez ses divers fournisseurs, fit mander près d'elle Tourniquet qui, selon son usage, quitta aussitôt la plume et l'étude pour se rendre, plein d'ardeur et de joie, à l'appel de l'épouse de son patron. La soirée était belle ; la fenêtre de la chambre ouverte, Diana respirait l'air auprès, étendue sur un siége moelleux, dictant ses ordres à Tourniquet, lui expliquant les divers messages qu'il allait avoir à remplir. Le jeune homme, planté droit comme un cierge devant la jeune femme, écoutait la bouche béante, en repaissant ses yeux du bonheur d'admirer la jolie femme.

— Tourniquet, vous comprenez, n'est-ce pas ?

— Oui, madame !

— Vous direz à ma marchande de modes, madame Guesweller, rue de Choiseul, que ce sont des rubans verts que je veux sur mon chapeau, surtout que ce dernier soit aussi gracieux que tous ceux qu'elle m'a faits et fournis jusqu'alors.

— Oui, madame !..

— De là, vous passerez chez Boivin, rue de la Paix, lui dire de m'envoyer des gants paille demain, sans faute.

En ce moment, et comme elle parlait ainsi, une lettre, lancée par la fenêtre au moyen d'un petit cailloux, vint tomber sur les genoux de Diana, qui cessa de parler, prit le papier et voyant son nom sur la suscription.

— Singulière façon d'envoyer une lettre !

dit-elle. Tourniquet, voyez donc par la fenêtre qui vient de lancer ce papier.

— Je n'aperçois personne dans la cour, répond Tourniquet penché à la croisée.

Diana tourne et retourne la lettre, puis emportée par la curiosité, elle en rompt le cachet ; alors ses yeux surpris parcourent avec rapidité les mots suivans : « Votre époux est un infidèle qui vous trompe indignement, et passe la plupart de ses soirées près d'une jeune et belle maîtresse nommée Valentine, une ancienne locataire de votre père. Si Diana veut se convaincre de la vérité de cette accusation, qu'elle se rende aussitôt à Courbevoie, qu'elle y demande, hors du bourg, et sur la droite, la maison Bertrand, où elle surprendra son époux près de la maîtresse pour qui il la délaisse sans pitié, signé : *un Inconnu.* »

— Calomnie ! fait Diana en froissant la lettre avec colère.

— Quoi donc ? s'informe avec inquiétude Tourniquet.

— Dulac me tromper ! oh ! cela ne se peut pas... Non, non ! cette dénonciation est atroce... Dulac l'amant de Valentine, d'une couturière ! lui, me trahir pour une fille de rien, allons donc ! dit tout haut Diana, après s'être levée vivement, et en parcourant la chambre à grands pas.

— Ah, bah ! au fait, la petite couturière est, dit-on, fort à son aise maintenant, fait entendre Tourniquet.

— Mon Dieu ! si la chose était possible !... oh non ! et cependant, cette lettre ! quel intérêt ?.. Il faut que je m'assure, que j'aille cette maison, car je me sens oppressée et ce doute me tue... Tourniquet, vous allez m'accompagner.

— Tout à votre service, épouse infortunée !

— Point de réflexions, venez !

Cela dit, Diana qui a couvert à la hâte sa tête d'un chapeau, ses épaules d'un châle, entraîne Tourniquet, quitte sa demeure, monte dans une voiture de place, et roule vers Courbevoie avec son compagnon. Ils arrivent, ils s'informent, voilà la maison Bertrand, la petite grille qui ferme le jardin; au fond une lumière brille à travers une croisée du rez-de-chaussée. Diana réfléchit: sonnera-t-elle ? Attendra-t-elle la sortie de son époux, s'il est vrai qu'il soit dans cette demeure ?

— Cette grille n'est pas fermée, dit Tourniquet, qui en s'appuyant vient de la faire tourner sur ses gonds.

— Entrons donc! et assurons-nous en silence, répond Diana tremblante et à voix basse en pénétrant dans le jardin qu'elle et Tourniquet traversent. Ils atteignent la maison; Diana s'approche de la fenêtre du rez-de-chaussée, celle qui est éclairée, et à travers jette un regard dans l'intérieur, puis fait un mouvement d'effroi, retient avec effort le cri d'indignation prêt à lui échapper en apercevant Dulac assis près de Valentine qu'il presse dans ses bras, à qui il donne un baiser que la jeune fille lui rend vivement et avec bonheur. Diana, malgré son indignation, applique une oreille attentive sur une des vitres de la croisée, et ces mots prononcés par l'époux qu'elle croit infidèle viennent percer douloureusement son cœur.

— Oui, mon bonheur est d'être aimé de toi, de t'aimer ausssi de toute mon âme ; ah ! Valentine, ma douce Valentine, combien la vie m'est doublement précieuse, maintenant qu'il me faut veiller sur ta précieuse personne, et recevoir tes tendres caresses !

— Et moi aussi je serais heureuse, s'il m'était permis de vous voir à chaque instant du jour, et de vous donner hautement un titre bien cher, répond Valentine en pressant tendrement les mains de Dulac dans les siennes, et les portant à ses lèvres.

Diana, prête à défaillir, ne veut plus en entendre davantage; elle s'éloigne d'un pas rapide, quitte le jardin suivie de Tourniquet, descend le petit sentier, atteint sa voiture, s'y précipite et roule vers Paris.

—J'epère qu'il n'y a pas moyen de nier la chose, que nous en avons assez vu et entendu pour être convaincus, dit enfin Tourniquet, envieux de rompre le silence que garde Diana, qui pleure et soupire dans un des coins de la voiture. Mais, peine inutile! la jeune femme ne répond pas.

— Avoir la plus jolie femme du monde pour épouse, et la tromper! c'est indigne, ça crie vengeance, reprend Tourniquet. Pas de réponse encore!

— Hélas! dire qu'il y a des hommes dont toute la gloire, le bonheur seraient de payer d'un amour, d'une fidélité éternelle ce que cet époux trompeur abandonne lâchement pour les faveurs d'une grisette. Fiez-vous donc aux époux de quarante ans! ils sont plus dangereux, plus volages cent fois que les gens de mon âge! reprend le clerc, sans plus de succès; ce que voyant il prend enfin le parti de se taire.

Paris, puis, la demeure de Diana, sa chambre où elle se précipite et tombe en larmes sur un siége, où seule, elle se livre à tout l'excès du plus douloureux désespoir.

— Lui, me tromper! lui, que j'ai préféré à tout autre, que j'aimais de toute la force de mon âme, pour qui j'ai repoussé l'amour, les hommages du plus dangereux des hommes! Oh! c'est affreux, impardonnable! s'écrie enfin Diana avec force ; puis, reprenant après un instant d'une calme refléxion. Le fuir, le fuir pour toujours et lui donner ma haine pour prix de sa perfidie!.. Non, je ne l'aime plus, je ne dois plus l'aimer! A un autre mon cœur, mon amour, mes caresses, ou plutôt la mort pour moi, qu'il n'aime plus!

— La mort! et pourquoi? Vivez, vivez, belle Diana, pour rendre heureux par votre précieuse possession celui sur qui vous vous proposiez, il y a une seconde, de reporter toute la tendresse qu'a démérité le plus coupable des époux! fait entendre de Brissac en ouvrant subitement la porte, et venant tomber au genoux de Diana, de Diana, qui surprise, recule effrayée, et demande au téméraire qui lui a donné le droit du venir violer sa solitude et surprendre ses secrets.

— Grâce pour un amant épris, qui meurt d'amour et vient implorer à vos pieds un regard, un mot, une lueur de bonheur et d'espérance. Ah! Diana, pitié pour mon martyre, pitié pour celui qui envie le précieux avantage d'être votre humble et fidèle esclave, répond le jeune homme avec feu, en s'emparant de la main de Diana, qu'il ose porter à ses lèvres.

— Eh quoi! monsieur, mes chagrins, l'abandon de mon époux vous donnent-ils donc le droit de me manquer au point de me faire entendre un pareil langage? dit Diana en s'efforçant de retirer sa main, que de Brissac tient captive dans les siennes.

— Hélas! je suis un insensé, il est vrai, d'ambitionner le bonheur suprême, celui de votre divine possession, d'être votre amant fidèle et sincère, votre consolateur; mais est-ce à vous à m'en punir, ô ma belle Diana?

— Monsieur, au nom du ciel, cessez de m'affliger ainsi; grâce pour une pauvre femme à qui son devoir d'épouse ordonne de vous fuir.

— Vos devoirs, Diana! la conduite infâme de votre époux ne vous en dégage-t-elle pas? Ah! si jusqu'alors j'ai gardé le silence sur les fautes de Dulac, votre intérêt, en ce moment, m'ordonne de tout dévoiler. Oui, le coupable Dulac non-seulement vous préfère ce jour, une maîtresse qu'il chérit, mais encore, son âme intéressée, en proie à l'ignoble passion du jeu, lui sacrifie une fortune et votre dot; débiteur d'une somme immense, l'indigne oublié dans les bras de votre rivale que les huissiers vont envahir, demain peut-être, cette maison, pour en saisir les meubles et vous plonger dans la misère. Vous! vous, Diana, si belle, si parfaite, bientôt vous n'aurez plus d'asile; la ruine, la honte vont devenir votre partage.

— Grand Dieu! est-ce possible? Des preuves, monsieur, des preuves! s'écrie Diana hors d'elle.

Demain, vous dis-je, la présence chez vous des suppôts de la justice, ne vous laissera plus aucune doute.

— Ruiné! ruiné à ce point! ô mon Dieu; que de honte, de tourmens! Ah! de Brissac, protégez-moi, empêchez ces huissiers, ces émissaires de malheur d'approcher de ces lieux ; mes diamans, mes diamans! s'écrie Diana en courant à sa toilette pour y prendre son écrin.

— Vos diamans, pauvre femme, acquitte-ont-ils une dette de quatre cent mille francs? Puis, vous ignorez qu'ils sont faux, que votre époux, afin de satisfaire sa passion pour le jeu et les caprices de sa maîtresse, en a échangé les pierres précieuses contre des cailloux trompeurs.

— Oh! ce que vous dites là est une infamie, cela ne se peut pas! fait Diana à moitié folle.

— Eh bien! qu'un de vos gens aille donc chez le premier lapidaire s'assurer de cette vérité, dit de Brissac.

— Je vous crois, je vous crois; oui, l'infàme a encore été capable de cette bassesse, reprend Diana en jetant avec violence sa parure à travers la chambre, après l'avoir examinée un instant. Et c'est pour cette Valentine, pour une fille aussi basse que le perfide a dépouillé son épouse ! Hélas ! cette fortune qu'il fit sonner si haut n'était donc qu'une imposture pour tromper ma famille, s'emparer de ma dot et la dissiper après ! Ah! cet homme est un monstre ! fait Diana en tombant anéantie sur un siége ; puis, après un instant de silence : Oui, je l'aimais, je lui aurais pardonné d'être pauvre et malheureux si son cœur m'était resté fidèle ; mais il m'a trompée, il ne m'aime plus, je dois le détester à mon tour et l'abandonner à jamais, termine t-elle en sanglotant.

— Diana, cette punition est juste ; fuyez ce séjour où la honte entre demain; confiez-vous à mon amour, à mes soins; venez dans l'asile que vous offre l'amant le plus tendre et le plus respectueux.

— Fuir avec vous! qu'osez-vous me proposer, monsieur? dit la jeune femme avec fierté.

— Eh quoi! préférez-vous attendre ici le retour d'un époux qui, tout humide encore des caresses de sa maîtresse, repoussera les vôtres? Voulez-vous donc attendre encore, que demain matin, les exécuteurs des hautes-œuvres commerciales viennent vous chasser de votre lit?

— Non, je n'attendrai pas que cette honte m'atteigne; je pars, monsieur, je m'éloigne, et c'est dans le sein de mes parens que je cours cacher mes larmes et ma rougeur.

Cela disant, Diana se dirigeait vers la porte, où le suivait de Brissac en la suppliant de permettre qu'il l'accompagnât dans le voyage qu'elle allait entreprendre ; mais Diana refuse, ordonne même au jeune homme de s'éloigner ; puis, après avoir agité une sonnette, elle donne l'ordre à un domestique de faire monter Tourniquet et d'atteler sa voiture.

— Ainsi, pour prix de tant d'amour, vous refusez de m'entendre et me chassez de votre présence, cruelle! dit de Brissac avec émotion, resté de nouveau seul avec Diana, après le départ du valet.

— Celui qui, contre les principes de l'honneur, veut devenir mon amant, cesse d'être mon ami, monsieur, répond Diana avec sévérité.

— Mon cœur peut gémir de votre excessive rigueur, madame ; mais pour renoncer à vous et cesser de vous adorer, jamais ! Partez donc, Diana, sans moi, sans nulle pitié pour les maux que l'absence va me faire endurer; Dieu veuille qu'un jour je vous retrouve moins cruelle et plus heureuse!

— La voiture de madame est prête, vient annoncer Tourniquet, entrant subitement et faisant une laide grimace à la vue de de Brissac.

— Tourniquet, vous m'accompagnez. Recevez mon adieu, monsieur; plaignez-moi.

Et Diana, ces paroles dites, s'éloigne avec rapidité. Quelques instans plus tard, elle roulait, en compagnie de Tourniquet, sur la route de Paris à Luzarche, cela au moment où de Brissac racontait en riant à Daubremont, chez qui il s'était rendu aussitôt, la scène qui avait eu lieu entre lui et la jeune femme, et le départ précipité de cette dernière pour se rendre dans sa famille.

— Plus de ménagements désormais pour

te Dulac, frappons les grands coups; et vous, de Brissac, songez à rejoindre Diana au plus tôt, à profiter de son isolement, aux chances favorables et mystérieuses que droit vous offrir la campagne, que cette Diana soit la victime de votre violence si elle ne consent à faiblir de bonne volonté; n'importe comment s'accomplira le déshonneur de cette femme, je serai satisfait, et vous quitte envers moi; mais il faut absolument qu'il s'accomplisse, pensez-y bien, répondit Daubremont aux nouvelles que lui apportait de Brissac.

A peine la voiture qui emportait Diana eût-elle quitté Paris, que Dulac rentra chez lui où ses premières paroles furent pour s'informer de sa femme et du motif de son absence à cette heure avancée; mais nul de sa maison ne put l'instruire, sinon que madame Dulac, après avoir demandé sa voiture, s'était éloignée, accompagnée de Tourniquet, sans indiquer le lieu où elle se rendait. Or, notre notaire, dans l'espoir que cette absence durerait peu, et quoique la pendule marquât minuit, se retira dans son cabinet, en proie à une vague et sourde inquiétude qu'il lui était impossible de maîtriser, voix secrète de la conscience qui faisait pressentir à l'infortuné les malheurs prêts à fondre sur lui. Dulac se jette sur un siége placé près de son bureau, chargé de divers papiers que ses clercs y ont déposés et qui y attendent sa signature.

Une lettre frappe ses regards; il la saisit, elle est du ministre de la justice. O surprise! ô douleur! c'est un ordre formel au notaire Dulac de vendre sa charge; le ministre, instruit du dérangement de ses affaires, du jugement que vient d'obtenir le nommé Dargenson, se voyant dans la nécessité de rayer son nom de la liste des notaires. A cette lecture, Dulac est atterré, ses lèvres blémissent, ses yeux se remplissent de larmes. Encore un papier, celui-ci est la signification d'un jugement, puis un commandement de payer en vingt-quatre heures, à la requête du sieur Dargenson, la somme de quatre cent mille sept cents francs, puis suivent, sur cette infernalle paperasse, les menaces de saisie, de contrainte par corps.

— Perdu ! perdu sans ressources ! s'écrie Dulac en poignant douloureusement son sein. Infâmie ! car l'huissier, gagné par Dargenson, a soufflé à Dulac l'assignation de ce jugement qui a été prononcé à son insu, plus, cet exécuteur des hautes œuvres, ce bourreau patenté ne lui a fait remettre le commandement qu'après l'écoulement des heures accordées par la loi. Ainsi donc, plus d'espoir, plus de temps, le jour de demain va donc voir fondre sur sa demeure la cohorte judiciaire.

A cette hideuse pensée, une sueur froide parcourt tout le corps du malheureux, ses cheveux se dressent sur sa tête d'effroi et de honte ; pour lui, plus d'avenir, de repos, de bonheur, d'épouse, il pert tout, tout ! car l'huissier, l'huissier ! va marquer son front du stigmate du deshonneur. Mais, il est encore une ressource, la mort ; il y aurait lâcheté à ne point l'accepter, à ne point finir tout d'un coup tant de peines amères.

Cette pensée achevée, Dulac se lève vivement, se dirige vers une armoire, en sort une boite qui renferme des armes ; il va l'ouvrir, il s'arrête aussitôt et retombe en larmes sur son siége. Pourquoi cette transition subite ? C'est que le souvenir de Valentine est venu le frapper ; c'est que la pensée poignante de laisser sur la terre cette fille infortunée sans appui, sans ressources, sans protecteur, arrête son bras prêt à briser son existence; et puis, n'a-t-il pas dans ce généreux Daubremont, un sauveur, un ami qui, en apprenant tout l'odieux de sa position, s'empresser a de mettre à son service un secours promis depuis long-temps ?

Dulac doit donc s'empresser, au jour naissant, de courir chez le négociant ; mais cette nuit, il la passera près de Diana, afin de ne point donner de soupçons à la jeune femme ; et cela pensé, Dulac repousse la boîte qui renfermait les instrumens de mort, et s'appuyant sur l'espérance, les promeses de Daubremont, il s'arme de courage, et, quittant son cabinet, se dirige vers sa chambre à coucher, où, à son grand étonnement, il n'aperçoit pas encore sa femme, quoique cependant il soit deux heures du matin.

—Où est-elle? Pourquoi cette absence sans m'en avoir prévenu? Et tandis que Dulac s'adresse ces questions, son regard aperçoit, éparpillée sur le parquet de la chambre, la parure en straz.

Diana se serait-elle aperçu de la soustraction de ses diamans? le mépris qu'indique l'abandon de cette parure l'annoncerait assez. Irritée de cette lâche supercherie, aurait-elle quitté la demeure conjugale, afin de punir son époux? L'aimerait-elle assez peu pour agir envers lui avec autant de rigueur? Hélas! que de chagrins, d'embarras pour le pauvre Dulac qui, brisé, torturé, le front ceint d'un cercle de feu, se laisse tomber sur un siége où, après mille pensées confuses et funestes, le ciel le prenant en pitié lui envoie un sommeil bienfaisant. Six heures sonnaient, lorsqu'un domestique, en entrant dans la chambre, éveilla Dulac pour lui remettre une lettre qu'un messager venait d'apporter; le notaire reconnait l'écriture de sa femme, congédie le valet, puis, le cœur palpitant, en proie à une violente agitation, il brise le cachet, et lit les mots suivans :

« Monsieur, votre conduite m'est enfin dévoilée ; ne soyez donc pas surpris si, justement irritée, je m'éloigne du plus perfide des hommes ; c'est dans le sein de ma famille que je cours cacher mes larmes et ma honte, où je vous défends de venir troubler par votre odieuse présence une vie que vous avez vouée au malheur. Soyez libre, tel est votre désir; heureux, tel est le vœu que forme en votre faveur la femme que vous n'avez pas craint de blesser mortellement par une indigne outrage. Je veux que vous sachiez que mon mépris pour vous est si grand, que je me suis disposée à rompre tous les liens qui nous unissent. Hélas! quand est-ce que mon cœur ne sera plus déchiré? quand est-ce que je serai délivrée de votre odieux souvenir? Perfide ! pourquoi m'avez-vous forcée de vous haïr mortellement, lorsque je vous chérissais avec tant de bonne foi? »

Dulac a lu, et la lettre lui échappe des mains, tant la douleur, la surprise le paralysent. Quoi, le sort ne se lassera-t-il pas de le martyriser de sa verge de fer! Quoi, tout perdre à la fois, honneur, épouse, fortune! Mais qu'a-t-il donc fait à cette femme, pour qu'elle l'accuse si fort? Est-ce donc la crainte de perdre son avoir, sa dot, qui l'anime à ce point? et son estime, son amour pour lui sont-ils donc si faibles qu'ils se brisent au moindre bruit de sa ruine? Ah! s'il en est ainsi, Diana ne l'a jamais aimé.

Fidèle à la recommandation de la cruelle, il n'ira pas lui faire entendre ses plaintes ; seul, il luttera contre le malheur, l'abandon et la misère. D'ailleurs, ne lui reste-t-il pas un ange consolateur, Valentine, sa fille bien-aimée? Eh bien, ce sera près d'elle qu'il ira puiser des consolations tant nécessaires aux malheureux. Non, il ne se rendra pas à Luzarche, où l'accueilleraient les reproches et le mépris, mais à Coubevoie, où l'attendent un cœur pour le plaindre, une main pour essuyer ses larmes.

Ainsi pensait Dulac en pleurant et gémissant, lorsque l'heure venant à sonner lui annonça qu'il fallait au plutôt vaquer à ses tristes et nombreuses affaires.

Un instant encore pour sécher ses yeux ; puis Dulac quitta sa demeure, et se dirigea vers celle de Daubremont, de l'ami à qui il courait demander secours et protection, et qu'il n'avait pas revu depuis huit jours. Oh, déception ! Daubremont est absent, et parti pour un long voyage, ce qu'annonce au notaire le portier du négociant. Parti, parti ! et sans l'en prévénir, lorsqu'il connait l'affreuse position de Dulac, et que seul il peut l'en retirer ? Cet homme a-t-il donc perdu la tête, ou plutôt toutes ses promesses, ses protestations de service n'étaient-elles qu'un vain semblent d'amitié ? Non, Dulac ne peut le croire, car ce serait une infâme hypocrisie.

— Que faire ? que devenir ? le temps presse et le danger menace, s'écrie intérieurement l'infortuné, qui s'éloigne après avoir laissé sa carte, et regagne sa demeure, où en rentrant ses regards rencontrent la face d'un homme en train de saisir les meubles et papiers.

—Au nom de la loi, monsieur, fait l'huissier en saluant froidement.

— Faites, monsieur; je ne puis rien opposer, répond Dulac, qui sent ses jambes se dérober sous lui, et qui pour éviter une chute est contraint de s'appuyer sur le dossier de la chaise qu'occupe le scribe de l'huissier.

—Signez cette copie, monsieur, dit, après la saisie opérée, le clerc en présentant le papier à Dulac, puis ajoutant, bas à l'orielle du notaire : Fuyez au plutôt, si vous voulez éviter d'être arrêté tantôt ou demain matin. Un serrement de main pour tout remercîment à l'homme généreux, puis Dulac se retire dans son cabinet où il se munit de papiers, d'argent, trace quelques mots, et s'éloigne après pour gagner Courbevoie par mille et un détours. Mais que contiennent ces lignes qu'a tracées la main du notaire, et que dans son chemin il a mises à la poste? Les voici :

« En danger d'être arrêté aujourd'hui même,
« mon cher Daubremont, je me vois forcé de
« fuir à la hâte; c'est à Courbevoie, chez des
« amis dévoués, que je cours chercher un asile
« contre mon persécuteur et ses sbires, où
« mon amitié vous donne rendez-vous, où je
« vais attendre votre retour avec la plus vive
« impatience.

« *Signé*, Dulac. »

CHAPITRE V.

Le garde du commerce : Au nom de la loi, je vous arrête!

Charlotte.

Voilà cinq jours que Diana est près de son père et de sa mère, dans leur belle terre située à quelque distance de Luzarche, à sept lieues de Paris; cinq jours pendant lesquels Diana n'ayant osé ouvrir son cœur, raconter ses peines à sa famille, attribue sa pâleur au malaise qui l'a, dit-elle, contrainte à venir respirer l'air des champs; ses parents, inquiétés par sa tristesse, quelques larmes qu'ils ont surprises, interrogent en vain la jeune femme. Ce qui étonnait le plus Diana, ce qui augmentait sa douleur, sa colère, si colère il y a chez une femme qui regrette et aime encore, était le silence de Dulac à son égard, le peu d'empressement qu'il témoignait à la rejoindre, à se rapprocher d'elle; alors croyant le voir dans les bras de Valentine et donner à cette rivale des caresses dont elle était jalouse, Diana maudissait son époux, et s'efforçait de faire succéder la haine à la tendresse qui, malgré elle, existait encore dans son cœur pour le perfide. Vains combats! Diana n'en aimait que davantage; déjà elle regrettait sa fuite précipitée, et un sentiment de honte, d'orgueil, l'empêchait seul peutêtre de retourner vers son époux, y combattre à force de coquetterie et d'amour la puissance d'une rivale. Hélas! si tous ces malheurs, cette ruine annoncée par de Brissac étaient réels, combien Dulac en ce moment devait être à plaindre! et cependant nulles plaintes, nulles nouvelles de lui ; décidément Diana ne pouvait supporter davantage la cruelle perplexité où la jetait l'ignorance du sort de son mari, et dût-elle apprendre que dans les bras de Valentine, il oubliait sa femme légitime ; dût-elle à cette nouvelle endurer tous les tourmens de la jalousie, Diana désirait tout savoir. Mais comment? par qui?. Par Tourniquet resté jusqu'alors près d'elle, dont les soins, les soupirs, les regards langoureux et la continuelle présence l'importunaient autant qu'ils la fatiguaient. Ce fut donc sur lui que Diana jeta les yeux pour envoyer épier les actions de Dulac, lui qu'un matin elle expédia pour Paris, au grand désapointement du jeune homme qui, sans cesse près de l'objet de son adoration, et de moitié dans les promenades de la jolie femme, trouvait cette vie heureuse, douce, et de bon cœur envoyait au diable la mission et celui qui en était l'objet. Dans la soirée du même jour qui avait vu s'éloigner Tourniquet, toute la famille Ledoux étant à se promener dans son parc, aperçut au bout d'une longue allée un homme venir à eux, et dans qui, à sa grande indignation, Diana la première reconnut M. de Brissac, qui, après les avoir joint, les salua avec grâce et le sourire sur les lèvres.

— Vous ici, monsieur ? fait la jeune femme avec sévérité et sécheresse.

— Oui, belle dame, moi-même qui, revenant d'Amiens, ai cru devoir en passant à Luzarche, vous venir présenter ainsi qu'à votre estimable famille, mes hommages respectueux.

— Ma foi, vous avez parfaitement fait, M. de Brissac, et nous sommes enchantés de votre visite ; soyez donc le bien venu, dit M. Ledoux d'un air riant en pressant la main de de Brissac.

— Oui, le bien venu à la campagne surtout, où la société d'un homme spirituel est si précieuse, dit à son tour la mère de Diana.

— Il est un peu tard, sans cela je vous montrerais ma propriété en détail, mon cher M. de Brissac ; mais comme j'espère que vous allez nous sacrifier quelques jours, partie remise.

— Et vous, belle Diana, n'appuierez-vous un peu, afin de lever mes scrupules, l'invitation aimable et généreuse que m'adressent vos parens?

— Moi, monsieur! fait la jeune femme avec dédain.

— Comment, comment, tu fais la moue à ce jeune homme, ma Diana. D'où vient donc ce caprice, surtout à l'égard d'un cavalier qui se fait le tien, car, dit-on, vous êtes inséparables à Paris? dit l'ex-droguiste.

— J'accepte l'invitation, monsieur et madame, d'autant plus que mon heureux séjour en ce paradis terrestre va me procurer sans doute l'occasion de faire ma paix avec madame Dulac, de qui j'ai hâte de reconquérir l'amitié en lui prouvant mon repentir et le désir que j'ai de lui complaire désormais en tous points.

—Ah! ah! quelques espiégleries que vous

lui aurez faites et dont son orgueil se sera révolté. Oh! je connais Diana et sa susceptibilité, dit M. Ledoux.

— M. de Brissac, y a-t-il long-temps que vous n'avez vu notre gendre le notaire, ce cher Dulac? s'informe madame Ledoux.

— Près de huit jours, madame.

— Croiriez-vous que depuis six, que sa femme est ici, le négligent n'a pas daigné lui écrire une seule fois?

— Qu'importe à monsieur le silence de mon mari, dont les affaires nombreuses captivent sans doute tous les instans? dit Diana vivement. En ce moment on atteignait le château, belle maison, bien située, et entourée de pelouses et de bouquets de bois, où monsieur et madame Ledoux désiraient faire reposer de Brissac, et donner des ordres pour la chambre qu'ils lui destinaient.

— Un mot, monsieur, fait Diana un instant après, voyant ses parens occupés, et en gagnant le jardin où la suit de Brissac à qui s'adressait cette invitation.

— Tout à vous, madame.

— J'espère, monsieur, après ce qui s'est passé entre vous et moi, que vous n'espérez pas profiter de l'offre que viennent de vous adresser mes parens ?

— Quoi, vous désirez que je m'éloigne madame, moi qui ai tant à vous dire!

— Je ne veux rien entendre, monsieur; partez ou je vous cède la place.

— Diana, quelle erreur est la vôtre ! non, je ne viens point ici pour vous entretenir d'une passion que votre cœur repousse ; mon parti est pris, madame, car je travaille à l'oublier, à ne plus vous chérir qu'en frère et ami dévoué.

— Encore une fois, j'ai fort peu de confiance en vos paroles, monsieur; la plus sûre, la meilleure preuve que vous puissiez me donner de votre repentir est de céder à mes vœux, de vous éloigner d'ici, si mieux vous ne préférez que j'instruise mes parens du motif qui me fait désirer cette séparation.

— Ah! vous n'aurez pas, madame, cette cruauté envers celui qui ne vient à vous que dans l'intention de vous apporter ses consolations.

— Vos consolations ! fait Diana avec ironie.

— Sur les malheurs qui vous frappent en ce moment d'une manière si cruelle.

— Expliquez-vous, vous me faites mal, monsieur.

— Hélas ! que mes funestes prédictions

ne se sont que trop réalisées! Sachez, Diana, que votre demeure a été saisie, que votre époux à qui le ministre a intimé l'ordre de se défaire de sa charge, que Dulac enfin, ruiné, déshonoré, est en fuite.

Grand Dieu! que m'apprenez-vous! Dulac, mon époux, déshonoré, en fuite! ah! je dois le suivre, partager ses chagrins, le secourir de tout ce que je possède! s'écrie Diana hors d'elle.

— Le suivre, bien, mais où le trouver? voilà six jours qu'il s'est enfui avec sa maîtresse, répond de Brissac, en appuyant sur ce dernier mot.

— Sa maîtresse, sa maîtresse! l'infâme! ah! oui, j'avais oublié, sa maîtresse, celle à qui il m'a sacrifiée, à qui il a donné mes diamans! Ah! vous avez raison, monsieur, je dois rester, l'oublier, haïr le monstre!..

Mon Dieu, mon Dieu! que je suis donc malheureuse!!

— Diana, au nom du ciel, calmez ce violent transport.

— Et vous, monsieur, gardez-vous de troubler le repos, la sécurité de mon père, de ma mère, par une seule parole indiscrète; qu'ils ignorent tout, monsieur, tout! reprend Diana avec force.

— Moi, troubler le repos de ses dignes gens! je me garderai fort de cette imprudence. C'est la paix, l'oubli de vos maux que je souhaite, Diana, dont je veux entreprendre la tâche, si vous daignez me souffrir près de vous, me rendre un peu de cette amitié, de cette confiance que j'ai perdue.

— Eh bien, où sont-ils donc? encore en promenade, à cette heure, lorsque la rosée se lève; mais il y a imprudence, fait entendre monsieur Ledoux, dont la présence vient troubler l'entretien de nos jeunes-gens.

— Allons, à table, jeune homme, la grande route donne de l'appetit, et vous devez en avoir. Mon Dieu, Diana, comme tu es pâle! comme tu parais souffrante en ce moment, chère enfant! reprend M. Ledoux, après avoir fixé sa fille, dont une pâleur affreuse couvre en effet le visage.

— Oui, je souffre, je souffre beaucoup, murmure Diana, en s'appuyant sur le bras de son père et fondant en larmes.

— Mais qu'as-tu donc, chère petite?.... rentre, rentre vite, et mets-toi au lit pendant que j'enverrai chercher le docteur à Luzarche.

— Non, pas de médecin, mon père, mais la solitude, rien que la solitude.

Ils rentrent; Madame Ledoux, fort

inquiète de l'état de sa fille, s'empresse de la conduire dans sa chambre; et M. Ledoux ainsi que de Brissac de rester ensemble au salon, l'un à se désespérer sur les souffrances de son enfant, l'autre à calmer les inquiétudes du bon vieillard.

Le lendemain, Diana, encore plus indisposée, ne quitte pas le lit, et le médecin appelé près d'elle annonce l'aurore d'une dangereuse maladie.

Maintenant, retournons à Paris, et apitoyons-nous sur le sort de l'infortuné Tourniquet, qui, à son arrivée dans la grande ville, après s'être présenté à sa demeure chez Dulac, pâlit de douleur en y retrouvant ses effets sous les scellés que la disparition du notaire a contraint d'apposer.

— C'est une horreur ! une infâmie ! Je ne m'embarrasse pas si le patron doit ou ne doit pas, mais j'ai payé mes hardes et je les veux. C'est bien assez de perdre en un jour mon emploi de dix-septième clerc et des appointemens de 25 fr. par mois, sans encore être dépouillé de ma légitime propriété, disait d'un ton fort animé, et en gesticulant de toute sa force, le pauvre Tourniquet au gardien imposé pour la conservation des scellés; mais cet homme incivil lui riait au nez, et fatigué de ses plaintes le jette à la porte sans nulle pitié, en l'engageant d'aller à d'autres hurler ses réclamations et faire valoir ses droits.

Tourniquet, chassé et sans asile pour le quart d'heure, trottait les rues en marmottant contre ses aventures tout en lorgnant Luzarche pour refuge, lorsqu'une voiture, qu'il n'entendait pas venir derrière lui, tant il était enfoncé dans ses réflexions, une voiture qui allait l'atteindre, le renverser malgré les : *gares*! du cocher, s'arrête à grand' peine d'après l'ordre d'une jeune femme qui, la tête à la portière, et d'une petite voix, prononce hautement le nom de Tourniquet. C'est Charlotte qui a reconnu le clerc, l'appelle, le fait monter et prendre place à ses côtés dans son riche équipage.

— Etes-vous donc devenu sourd, Tourniquet, depuis que nous ne nous sommes vus? interroge la jeune fille.

— Non, mais malheureux comme les pierres.

— Voyons, comptez-moi ça, mon pauvre ami.

— Figurez-vous, Charlotte, un ménage bouleversé, un mari qui a une maîtresse et se ruine pour elle; une femme légitime qui s'en fâche et plante là son époux infidèle pour se sauver chez ses parens; puis, les créanciers du mari qui se fâchent, font main-basse sur les meubles; puis le débiteur s'éclipse, mes effets qu'on mets sous les scellés, et moi sans place et sans asile.

— Quelle aventure me racontez-vous là, ex-droguiste, et quels en sont les héros? s'informe Charlotte.

— Une aventure des plus véridiques dont le notaire Dulac, son épouse et la petite Valentine, la couturière, sont les héros.

— Allons donc!

— Parole d'honneur!

— Vraiment, vous m'intriguez, Tourniquet; voyons, comptez-moi ça en détail. Et l'ex-clerc satisfait la jeune fille qui, en écoutant, ouvre de grands yeux, pousse des oh! et des ah! Tourniquet a parlé, et Charlotte au comble de sa surprise, de l'indignation, écoute encore.

Non, tout cela ne peut être vrai; elle sait Valentine trop vertueuse, trop éprise d'André, pour que cette jolie fille se soit faite la maîtresse d'un homme marié, de l'époux de Diana surtout! Il y a quelque mauvais génie qui souffle la discorde dans ce ménage, afin d'en retirer quelque profit; et selon la pensée de Charlotte, de Brissac, lui seul est coupable de ce coup. La rancune de Charlotte ne tient plus en face de semblable malheur, elle n'en veut plus à Diana, que d'ailleurs elle a peut-être accusée à tort de s'être entendue avec de Brissac lors de la mystification dont elle a été dupe; mais, c'est sur de Brissac que doit peser tout son dépit, sur de Brissac qu'elle veut épier, et dont elle espère deviner l'intrigue et la déjouer.

— Tourniquet, soyez sans inquiétude; je vous offre, jusqu'à ce que vous trouviez une place, ma maison et ma table. Cela dit et accepté, Charlotte ordonne au cocher de rouler vers Courbevoie où elle désire aller aussitôt visiter Valentine, la questionner et saisir quelques éclaircissemens. Les chevaux changent donc de direction, enfilent les Champs-Elisées, la route de Neuilly, puis Courbevoie, où Tourniquet indique la demeure de Valentine. Ils atteignent la maison, descendent du brillant équipage. La grille du petit jardin est fermée, ils sonnent ; un moment d'attente, et Valentine, après avoir traversé le jardin, reconnait Charlotte, pousse un cri de joie, ouvre, et reçoit son ancienne camarade dans ses bras.

—Toi, Charlotte, qui ne m'a pas oubliée, puisque tu vient me voir !

— Oui, ma Valentine, moi-même qui t'aime toujours, et veux te le prouver... Mais qu'as-tu, chère petite ? tes beaux traits semblent altérés, tes yeux sont rouges de larmes; tu as du chagrin, Valentine ? Allons nous asseoir sous ce joli berceau, raconte-moi tes peines... Tourniquet, Valentine a peut-être des choses à me raconter qu'elle n'oserait dire devant un jeune homme, allez donc vous promener dans ce jardin, et surtout ne vous éloignez pas.

— Je n'ai pas de secrets que Tourniquet, mon bon voisin du temps passé, ne puisse entendre, répond Valentine en souriant au jeune homme.

— C'est possible, mais moi, j'ai à te parler sans témoin; or, obéissez, Tourniquet; et Tourniquet, quoique fort peu content, tourne les talons pour aller s'étendre sur le gazon d'une petite pelouse, où il s'endort d'un profond sommeil.

— Maintenant que nous sommes seules et

libres sous ce berceau, ma Valentine, ouvre ton cœur à ton amie, et raconte-lui les aventures qui te sont arrivées depuis qu'elle t'a perdue de vue, dit Charlotte en prenant dans les siennes les mains de la jeune fille.

— D'abord, un grand malheur, Charlotte, j'ai perdu ma vieille et bonne grand' mère.

— Oui, je le savais, et je t'ai plains... Ensuite, Valentine ?

— Je suis venu me réfugier près de nos amis Bertrand, qui me traitent comme leur enfant, et sur la vieillesse de qui je veille de mon mieux.

—Fort bien, mais, tu ne me parles pas de tes amours, d'André qui t'aime et devait être ton époux.

— Hélas, son oncle, M. Daubremont, qui,

d'abord avait souhaité, décidé ce mariage, s'y est ensuite opposé, en défendant à son neveu de penser à moi, de me revoir jamais.

— La raison de ce subit changement?..

—Je l'ignore, Charlotte, reprend, Valentine en rougissant un peu.

— Et n'as plus revu André?..

— Si, depuis quelque temps ; il m'aime tant qu'il s'est affranchi de la tyrannie de son oncle, et a formé le projet d'être mon mari malgré tous les obstacles.

— Ah! et il vient souvent ici, André?..

— Deux fois la semaine, car sa maison de commerce occupe tous ses instans.

— Valentine, ma bonne Valentine, ne vient-il pas encore une autre personne te voir ici ?.. s'informe Charlotte avec douceur.

— Non, répond la jeune fille en rougissant encore plus.

— Sois donc confiante, ma Valentine, et crois que je ne t'adresse cette question que dans tes intérêts.

— Charlotte, je ne te comprends pas...

—Ah! c'est que dans le monde, tu sauras, Valentine, qu'il court des bruits étranges.

— Qui sont?..

— Tout à fait faux, j'en suis persuadée, mais qui n'en portent pas moins préjudice à ton honneur.

— O ciel! explique-toi, Charlotte.

— On dit que tu es la maîtresse du notaire Dulac, l'époux de Diana.

—Infamie! imposture! s'écrie Valentine, qui se met à pleurer à chaudes l'armes.

— Valentine, calme-toi, ma chérie; encore une fois, je ne crois pas un mot de tout cela; et cependant, on dit que Dulac, forcé de fuir, est caché en cette maison.

— Non, non! il n'y est pas, s'écrie Valentine avec force.

— Tu t'alarmes trop, Valentine; dérobe un ami dans le malheur aux recherches de ses persécuteurs, et je t'approuve; car, moi-même, désirant m'associer à cette œuvre, je suis venue près de toi dans cette intention, celle de t'offrir mon appui; mais manquer de confiance envers qui se voue à toi, de corps et âme, ce serait m'affliger cruellement, Valentine, continue Charlotte en pressant de son bras la taille de la jeune fille. Tu ne pourras me nier qu'il existe entre toi et Dulac une vive amitié, lorsque tu sauras que Diana, instruite de vos rendez-vous nocturnes, fut, il y a huit jours au plus, témoin invisible des caresses que tu recevais, et rendais à son époux, cela, à travers les vitres d'une des fenêtres de cette maison.

— Mon Dieu ! mon Dieu ! fait Valentine, pour toute réponse, en sanglotant, et en se cachant le visage de ses deux mains.

— Tu me refuses ta confiance, tu te tais envers moi ; eh bien, garde ton secret, Valentine; et cependant, il eût été doux à Charlotte de pouvoir t'aider de ses conseils et de ses moyens.

— Non, ne m'interroge plus, Charlotte, car ce secret, vois-tu, il ne m'appartient pas, il m'est défendu de le révéler ; pense maintenant ce qu'il te plaira de mon silence, mais au nom du ciel, ne me crois pas indigne de ton estime.

— Te croire coupable, et la maîtresse de

l'époux de Diana ! oh non ! je ne pourrais jamais m'y décider ; et cependant, Valentine, tout porte à le penser, Diana t'accuse de ce crime.

— Elle a tort Charlotte, car mon cœur, repousserait le mari d'une femme, quand même il ne serait pas plein de l'image d'André.

— Je te crois; mais, franchement, je ne sais quoi penser de tout cela, et m'y perds.

—Pardonne, Charlotte, si je me tais avec toi; mais un jour, mieux instruite, tu approuveras ma discrétion... Parlons maintenant de toi, reprend Valentine après un instant de silence, et après avoir jeté un regard sur la riche toilette de Charlotte ; es-tu mariée, ma chère amie ?

—Non, non, Valentine, pas encore; mais dis, à ton tour, veux-tu venir habiter avec moi et être ma sœur ? Tu seras heureuse, riche de ma fortune, Valentine, car tu sauras que bientôt, j'espère devenir l'épouse du banquier Folicourt.

— Merci de cette offre généreuse, Charlotte, mais je ne peux l'accepter ; le devoir, la reconnaissance m'attachent près des deux vieillards qui m'ont donné asile et protection en ces lieux.

Comme Valentine terminait cette réponse, un coup de sonnette se fait entendre; Valentine lève son regard, et aperçoit un homme à la grille du jardin, lequel demandait à entrer.

La jeune fille, à l'aspect de ce visage inconnu, semble tressaillir, elle se lève, et d'un pas chancelant se dirige vers la grille.

— Que souhaitez-vous, monsieur ? s'informe-t-elle à cet homme assez bien vêtu, mais dont les traits dénotent la bassesse et l'hypocrisie.

— M'informer si cette maison est à louer, s'il serait permis de la visiter, répond l'inconnu d'un ton patelin.

—Ni l'un ni l'autre, monsieur, car les personnes qui l'occupent reposent en ce moment.

— Ah! ah! alors je suis désespéré d'être forcé de les déranger, mais c'est au nom de la loi, mademoiselle, que je vous somme, en ma qualité d'agent de police, d'ouvrir cette grille, reprend l'homme en laissant entrevoir une écharpe tricolore à Valentine qui, pleine de frayeur, reste muette et tremblante.

— Ouvrons à cet escogriffe ; par respect pour la loi, Valentine, tu ne peux t'y refuser, si mieux tu n'aimes voir enfoncer les portes, dit Charlotte en ouvrant la grille, malgré le geste de Valentine pour lui retenir la main ; puis reprenant : Maintenant, que voulez-vous de plus ? dit-elle en toisant l'homme de police d'un regard où perce le mépris. Mais sans daigner répondre à cette interpellation, l'agent fait un signe au dehors tout en retenant avec sa main la grille ouverte, alors une bande de recors hideux et au regard féroce, qui jusqu'alors s'étaient tenus cachés derrière la muraille, envahit le jardin.

— Qui êtes vous ? que demandez vous ? répondez, répondez, s'écrie Valentine plus pâle qu'un lys, en essayant de former de ses faibles bras une barrière à cette horde envahissante.

— Arrêter le nommé Dulac qui se tient caché dans cette maison depuis six jours, répond le chef en essayant avec brutalité de repousser la pauvre fille.

— Il n'y est pas, il n'y est pas ! au nom

du ciel, pitié! pitié! s'écrie Valentine avec désespoir.

Les recors, sans tenir compte de cette douleur à laquelle ils sourient du rire d'un tigre, comme doivent rire enfin des hommes assez dégradés pour accepter un tel état, et en remplir les honteuses et inhumaines fonctions, les recors donc jettent de côté Valentine et marchent vers la maison, ce que voyant la fille de Dulac fait qu'elle se penche pleine d'effroi vers Charlotte pour lui murmurer à l'oreille: Sauve Dulac, sauve mon père, Charlotte!

— Ton père! pauvre fille! oh, oui! oui!

— A ça, ramas de brutes, ne pouvez-vous vous expliquer sans rudoyer les gens? La loi qui vous permet de les tuer moralement, vous permet-elle encore de les maltraiter ainsi chez eux? dit Charlotte en saisissant et arrêtant le chef par le colet de son habit, ce qui fait que toute la horde s'arrête de même.

— Point d'injures, jeune fille, si mieux vous n'aimez que nous dressions procès-verbal contre vous; et sans plus nous retarder dans l'exercice de nos fonctions, conduisez-nous vers le sieur Dulac, si mieux vous ne préférez que nous pénétrions de force dans cette maison.

— Au moins, dites-nous en vertu de quoi vous prétendez exécuter cette arrestation s'informe Charlotte.

— En vertu d'un jugement rendu par le tribunal de commerce.

— C'est différent; alors, messieurs, agissez, entrez, entrez, répond Charlotte, qui ensuite se retournant avec affectation vers la pelouse où sommeille en ce moment Tourniquet, derrière un massif de lilas : Sauve qui peut, Dulac! s'écrie-t-elle à haute voix.

Les recors ont remarqué le mouvement de la jeune fille, et pensant tenir leur proie, ils se précipitent en masse vers la pelouse, aperçoivent Tourniquet, s'en approchent et l'éveillent.

— Quoi? qu'est-ce qu'il y a? s'informe l'ex-clerc en se mettant sur son séant, et se frottant les yeux.

— Au nom de la loi, monsieur, suivez-nous, dit le garde du commerce dont la bande entoure Tourniquet.

— Hein !

— Au nom de la loi, vous dis-je, suivez-nous, reprend le garde.

— Pourquoi faire? s'informe de nouveau Tourniquet en fixant ces hommes d'un regard étonné.

— Allons, mon pauvre Dulac, il n'y a pas à s'en défendre, il faut obéir et suivre ces messieurs. Hélas ! que ne nous a-t-il été permis de vous éveiller, de vous faire fuir, de vous éviter ce désagrément ! soupire Charlotte d'un ton plaintif en feignant d'essuyer les larmes de ses yeux.

— Comment, Dulac ! je ne le suis pas, mais bien Jules Tourniquet, ex-droguiste et clerc sans emploi ; ainsi donc laissez-moi en paix.

— Dulac, évitez de grâce à ces messieurs de vous faire violence à mes yeux, rendez-vous à leur invitation, mon pauvre ami, et comptez que nul sacrifice ne me coûtera pour vous rendre à la liberté.

— A ça, Charlotte, avez-vous bientôt fini de vous moquer de moi ? reprend Tourniquet en colère.

— Messieurs, grâce pour ses dénégations, ménagez-le, car il est assez malheureux ! dit la jeune fille en s'adressant aux argousins dont le chef consulte en ce moment un papier, et qui portant ensuite les yeux sur Tourniquet, dit :

Mais le sieur Dulac a trente-huit ans, et ce lui-ci paraît au plus en avoir vingt-quatre ; or, ça ne peut être lui ; vous cherchez à nous tromper, mademoiselle.

— C'est juste, je me moquais de vous. Allons, Tourniquet, levez-vous et partons aussitôt ; ces messieurs vous renient pour être la proie qu'ils cherchent en ce moment..

— Un instant ; comme je ne soutiens pas positivement que monsieur soit autre que le sieur Dulac, je lui défends donc de s'éloigner avant que nous n'ayons visité cette maison, dit le garde du commerce.

Cherchez donc, messieurs, les portes vous sont ouvertes, fait entendre Valentine en reparaissant, mais calme, et souriant à Charlotte qui aussitôt devine que la jeune fille, mettant à profit le temps employé près de Tourniquet, a fait prendre la fuite à Dulac.

Les argousins ne se le font pas répéter deux fois, et tandis que l'un d'eux demeure pour surveiller Tourniquet, les autres, ainsi que des loups affamés qui cherchent leur proie, se précipitent dans la maison d'où heureusement les propriétaires sont absents depuis le matin. Ils cherchent, renversent, bousculent meubles et effets, et trompés dans leur attente, ces misérables, l'oreille basse, le rugissement à la bouche, l'œil fauve et la rage au cœur, bondissent de nouveau dans le jardin, le parcourent en furetant les massifs, les coins et recoins. Rien! alors ils reviennent à Tourniquet, Tourniquet qui, instruit par Charlotte de la dégradante condition qui exerce ce ramas de gredins, demande un bâton pour tomber dessus.

Le garde du commerce, qui veut un second examen de Tourniquet, à cette intention tiré de nouveau le signalement de sa poche, et le jeune homme qui, grâce à ses quelques mois d'étude dans le droit, est instruit qu'il y va de dommages-intérêts pour cette canaille si elle arrête une personne pour une autre, forme maintenant des vœux pour qu'elle s'empare de sa personne, et pour cela demeure muet à toutes les questions que lui adresse le garde, dont l'indécision devient extrême, et que les ricanemens moqueurs de Charlotte joints au peu de rapport existant entre les traits de Tourniquet et ceux signalés sur son papier décident enfin à abandonner la partie. Le jardin purgé de ces hommes, fléau, honte de l'epèce humaine, Valentine s'empresse de fermer la grille sur eux, et de tomber en larmes et sans force dans les bras de Charlotte qu'elle remercie de son bon secours par mille et une caresses, puis; seule avec elle, Tourniquet étant à regarder par-dessus la muraille les argousins qui s'éloignent, la jeune fille fait part à son amie de la fuite de Dulac opérée au moyen d'une fenêtre basse située derrière la maison, et masquée par une touffe d'arbrisseaux, ce qui fait que cette issue a échappé aux regards du garde et à ceux de sa horde.

— Bien, bien! mais où est allé se réfugier l'infortuné? s'informe Charlotte avec précipitation.

— A Anières Charlotte, dans ta maison que je lui ai indiquée.

— Tu as bien fait, car tel était mon désir et ma pensée. Alons rejoindre ton père, Valentine; viens, et en chemin tu me raconteras l'heureux et surprenant hasard qui t'a fait la fille de Dulac, titre qui, en te justifiant complètement, m'éclaire aussi sur l'erreur de Diana.

CHAPITRE VI.

J'entre en une humeur noire; en un chagrin profond,
Quand je vois vivre entre eux les hommes comme ils font.

MOLIÈRE.

Où tout se gâte encore plus.

Quinze jours déjà, que Dulac habite dans la petite villa d'Anières, un secret appartement, d'où il ne sort sur la brune que pour faire quelques tours dans le jardin en société de Valentine, qui ne la pas quitté, et lui consacre ses soins et consolations. Charlotte toute dévouée à Dulac dont elle connaît maintenant l'histoire, la position, par le récit circonstancié qui lui en a été fait, Charlotte donc s'est faite la protectrice du père de Valentine, son chargé d'affaires, son messager en ville; c'est elle qui brûle d'impatience d'aller trouver Diana, afin de réclamer d'elle aide et secours pour Dulac, mais que Dulac arrête dans ses bonnes dispositions, espérant toujours recevoir une réponse de Diana aux deux lettres qu'il lui a écrites aussitôt qu'il a été instruit de l'erreur de la jeune femme, et dans lesquelles il déclare à Diana que Valentine est sa fille, en lui révélant ses amours anciennes avec Marie, réponse qu'il attend vainement depuis dix jours, dont il s'étonne, s'afflige, et attribue l'absence au mécontentement qu'a pu faire naître en Diana la révélation des secrets d'un époux concernant la naissance de Valentine.

C'est encore Charlotte qui, dans son zèle, a

amené près du notaire, afin qu'il s'entende avec lui, le premier clerc de son étude, homme de confiance, dévoué à Dulac, dont il gouverne et prend les affaires à cœur dans ce moment de ruine et d'affliction.

Le secret le plus grand règne sur la présence de Dulac en cette demeure d'où Charlotte a éloigné tous les indiscrets, en n'y admettant qu'une femme de chambre dévouée pour son service et celui de Valentine, plus un vieux jardinier, serviteur discret et indispensable dans une maison de campagne.

Folicourt, adorateur fidèle et de plus en plus épris, captivé par l'espiègle Charlotte, Folicourt qui, pour prix d'un constant amour, a signé à la jeune fille une promesse de mariage accompagnée d'un énorme dédit, Folicourt enfin ignore que Dulac habite le même toit que sa belle, et cela en ce que le petit banquier est un des créanciers du notaire, un de ceux qui, au dire de Daubremont, poursuit Dulac avec le plus d'acharnement.

Folicourt donc, à qui sa maîtresse ne donne audience et à dîner que trois fois la semaine, ne se rend à Anières que sur les six heures du soir. Ces jours et à cette heure, Valentine, qui ne voit dans le banquier que le respectueux prétendu de Charlotte, assiste seule au repas, tandis que Dulac, retiré dans le fond de son appartement, échappe aux regards de Folicourt qui, enchanté de la compagne que s'est donnée Charlotte dans Valentine, comble cette dernière de soins et d'égards.

Quant à Tourniquet, désabusé sur la prétendue perfidie de Dulac, qu'il sait être le père de Valentine, Tourniquet, bonne pâte d'homme au fond, de qui la plus grande faiblesse est de nourrir avec obstination un amour insensé et sans espoir, Tourniquet donc n'a pu, de même que Charlotte, demeurer insensible en présence des malheurs de Dulac et de Valentine. Or, faisant taire l'antipathie qu'il ressentait pour l'époux de la femme qu'il adore, Tourniquet, devenu le commensal de la maison de Charlotte s'est fait aussi l'ami, le confident du père et de la fille.

Tant de dévoûment, même les caresses de Valentine, n'avaient pu jusqu'alors faire diversion au sombre et profond chagrin qui rongeait le cœur du pauvre Dulac. Oh! c'est que cet homme payait cher, en ces momens cruels, les erreurs de son ambition, sa soif de richesses, c'est qu'il était inconsolable de la perte d'une épouse qu'il adorait, de l'honneur de son nom, de celle de son état et de son avenir; c'est que le silence de Diana aux lettres qu'il lui avait écrites, lettres pleines de tendresse, d'abandon, d'aveux sincères, lui prouvait, hélas! qu'il avait perdu l'estime, l'amour de la femme dont il se croyait aimé avec force et sincérité; de plus, le malheureux ne pouvait se rendre compte d'un autre abandon, celui de Daubremont, de cet homme qui s'était fait son ami, qui lui avait promis secours et protection, qui, à ses yeux avait fait briller tant d'or, et était disparu au moment le plus important, demeurant insensible et muet à toutes les lettres qu'il n'avait cessé de lui écrire depuis quinze jours qu'il habitait Anières.

« Venez donc, mon cher Daubremont,
« écrivait l'imprudent Dulac à son secret per-
« sécuteur, venez donc m'apporter secours
« et consolation; dissiper, par votre présence,
« l'inquiétude où je suis sur votre sort et l'état
« de votre santé. C'est à Anières, et caché

« honteusement dans une maison où il fut
« un seul jour le plus heureux des hommes,
« celui témoin de son union avec la plus
« belle des femmes, celui où il vous ren-
« contra pour la première fois, où vous lui
« offrîtes votre précieuse amitié, que vous
« trouverez votre malheureux ami, le cœur
« brisé, l'âme affaiblie. Venez, demandez
« M. Dorval, c'est le nom sous lequel me
« désignent les personnes que l'amitié et les
« affaires amènent près de moi, celui qu'il
« vous suffira de prononcer pour être intro-
« duit, et me procurer le bonheur de vous
« presser dans mes bras. »

Ainsi était conçu le dernier paragraphe de la fatale lettre, que dans la matinée du jour où nous reprenons le cours de cette véridique histoire, Charlotte s'était chargée de porter et de remettre elle-même de la part du notaire à Daubremont, dont on avait appris, la veille, le retour à l'hôtel de la rue de la Paix, demeure habituelle de notre négociant.

Valentine, aussi, a chargée son obligeante amie d'une commission, d'un service important pour son cœur, celui de prendre des informations sur la santé, la situation d'esprit de son cher André, qu'elle n'a pas revu depuis dix-huit jours, d'André, qui ignore ce qu'elle est devenue, et doit être en proie à l'inquiétude, au désespoir, à qui elle n'a osé écrire et faire connaître sa retraite. Charlotte a accepté la commission et la remplira le jour même; oui, elle verra André, l'instruira de tout, et l'amènera même aux pieds de Valentine, sans crainte ni danger, et même en qualité d'ami, de sauveur peut-être de Dulac et de sa fille.

Les chevaux sont attelés, Charlotte va

partir pour Paris, aussi fait elle demander Tourniquet pour l'accompagner. Mais, Tourniquet, répond le jardinier, est allé pêcher à la ligne, délassement favori de l'ex-clerc, délassement paisible qui lui permet tout à la fois de se procurer une friture et de penser à Diana. Charlotte part donc seule; ses chevaux l'emportent, courriers intrépides sortis des écuries du banquier Folicourt, et qui la transportent en moins d'une heure dans la brillante rue de la Paix.

— M. Daubremont? s'informe Charlotte

— Au premier, madame.

— Elle monte, sonne; un valet se présente.

— Votre nom ?

— Mademoiselle Fontaine.

— Veuillez attendre, je vais vous annoncer.

Quelques minutes, et Charlotte est introduite à travers un riche appartement dans la chambre où elle salue avec aisance le gros Daubremont, qui, en la reconnaissant, fronce son épais sourcil.

— Enfin vous voilà, depuis qu'on vous cherche et attend ; d'où venez-vous donc, monsieur ? dit la jeune fille en prenant un siége qu'on ne lui offre pas, et allant s'asseoir près du gros homme placé, en ce moment, devant un bureau sur lequel il écrit.

— De courir la grande route. Mais quel hasard vous amène près de moi ?

— Ce n'est point un hasard, mais un désir ; celui de savoir pourquoi vous oubliez vos amis dans le malheur, au point même de ne pas répondre à leurs lettres.

— D'abord, de quel ami m'entretenez-vous en ce moment ?

— De Dulac, notre malheureux notaire, à qui vous avez fait de si belles promesses, mais, voilà tout, et qui en réclame aujourd'hui l'exécution.

— Fort bien, je vous comprends maintetenant, et peux vous répondre. En effet, voilà plusieurs lettres que m'a écrites Dulac, et qui, hier, à mon retour, m'ont été remises; mais aucune d'elles n'indique le lieu qui lui sert de refuge contre les recherches de ses créanciers, depuis quinze jours qu'il a quité Courbevoie pour échapper aux recors lancés à sa poursuite.

— Oubli, bien pardonnable, d'une tête bouleversée par l'inquiétude et les chagrins. A ça, mon cher monsieur, parlons avec franchise, êtes-vous toujours décidé à rendre service à Dulac, malgré le refroidissement que témoigne à son égard l'absence silencieuse que vous venez de faire ?

— Plus que jamais décidé, mademoiselle,

soyez en persuadée, en apprenant que le voyage que je viens de faire n'a pas en d'autre but que celui de me procurer les fonds que je vais mettre à la disposition de ce cher Dulac.

— Superbe ! vous êtes un brave homme, un bon enfant ! or donc, prenez cette lettre que m'a chargée de vous remettre notre ami commun : lisez et répondez.

Cela disant, Charlotte présentait la lettre dont Daubremont s'empare, lettre qu'il décachète et parcourt vivement; puis, après avoir lu :

— Cher Dulac ! fait-il en s'écriant : quelle confiance il met en moi ; courez le rassurer, mademoiselle, lui dire que son ami se rendra à son appel dès demain.

— Pourquoi pas aujourd'hui, à l'instant même ? ma voiture est en bas pour nous conduire près de lui, reprend Charlotte.

— Parce que j'attends ici mon banquier,

que des fonds nous sont nécessaires, et que je me garderai fort de faire visage de bois à celui qui, d'un instant à l'autre, doit m'apporter la somme indispensable pour l'arrangement des affaires de Dulac.

—Oui, vous avez encore raison; à demain donc, surtout n'oubliez point le nom de Dorval, si vous désirez que les portes s'ouvrent à votre approche. Je vous préviens que mon jardinier est le cerbère le plus implacable, qu'il ne connaît que sa consigne.

— Soyez sans inquiétude...... A propos, reprend Daubremont d'un air aimable, et la jolie Valentine?....

— La chère enfant! toujours auprès de son père, qu'elle aime et chérit, répond Charlotte avec admiration.

— Dites-moi, Dulac a-t-il reçu des nouvelles de Diana? l'a-t-il désabusée sur le compte de Valentine ? s'informe le perfide.

— Des nouvelles? non ; Diana semble lui tenir rigueur et l'avoir oublié ; cependant, Dulac lui a avoué que Valentine est sa fille.

— Voilà qui est indigne ! mais je verrai cette jeune femme, je lui ferai sentir ses torts, tout l'odieux de l'abandon dans lequel elle laisse son époux et la rammènerai, je l'espère, à ses devoirs d'épouse.

— Ah! vous êtes la perle des hommes, mon cher monsieur ; oui, voyez Diana ; telle était mon intention, mais elle ne m'écouterait peut-être pas, tandis que vous, l'ami de la famille, elle ne pourra se refuser à vous entendre, à suivre vos excellens conseils.. Ah! que ce cher Dulac va donc être content des nouvelles que je vais lui rapporter ! et pourquoi les hommes ne vous ressemblent ils pas tous? alors ce méchant Dargenson n'aurait pas tant de haine pour Dulac.

— Dargenson!.. ah! vous connaissez?...

— Oui, Dulac m'a tout conté.

— Imprudence alors; ne craint-il pas, en répandant ainsi la honte de cet homme, d'augmenter encore la haine qui l'anime? dit Daubremont en se crispant les doigts d'impatience.

— En tout cas, ce n'est pas moi qui l'instruirai de cette indiscrétion, répond la jeune fille gaîment en quittant le siége qu'elle occupeait pour prendre congé de Daubremont, à qui elle voudrait dire un mot en faveur de l'amour qui unit André et Valentine, mais ce qu'elle n'ose, craignant de commettre une indiscrétion sans en avoir avant obtenu la permission de la part des deux amans.

Après avoir pris congé de Daubremont qui

la reconduit jusqu'à la porte avec galanterie, la jeune fille remonte dans sa voiture, donne l'ordre au cocher de rouler vers la rue des Cinq-Diamans. Elle arrive : fâcheux contre-temps ! André n'est pas chez lui, et ne doit rentrer que vers le milieu du jour. Eh bien, Charlotte reviendra, et, en attendant, fera quelques visites à ses anciennes voisines du quartier. Elle se rend donc aussitôt chez l'une d'elles qui, quoique instruite de la source de l'opulence dont jouit la jeune fille, n'en accueille pas moins en elle, avec infiniment de grâce, une femme qui a équipage et à qui elle demande même sa pratique, en qualité de modiste-lingère.

Deux, trois, quatre visites, toutes fort longues, et puis, quelle heure est-il ? quatre heures.

— Quelle horreur ! avoir causé aussi long-temps !

Alors Charlotte prend congé, et s'en retourne chez André, qu'elle trouve cette fois au logis, et qui l'accueille d'abord avec autant de surprise que de froideur. Pauvre André! comme il est pâle et paraît chagrin! Voyons, un mot pour le dérider, et Charlotte prononce le nom de Valentine, dit qu'elle vient de la part de cette dernière, et André change de visage, sourit et introduit avec empressement la visiteuse dans son cabinet où il se place près d'elle, tout disposé à l'entendre.

— Oui, André, c'est Valentine qui m'envoie vers vous afin de calmer l'inquiétude où a due vous plonger sa disparition de la maison de Courbevoie.

— Soyez donc la bien venue, vous qui venez consoler le plus infortuné des hommes; hâtez-vous de m'apprendre le nouveau malheur qui, une seconde fois, a ravi Valentine à ma tendresse, à mon admiration ! fait le jeune homme avec feu.

— André, sachez donc que Valentine a retrouvé son père, mais son père malheureux, déchu de cette opulence qui l'entourait encore il y a un mois à peine.

— Son père ! expliquez-vous, fait André avec surprise.

— Oui, son père, le notaire Dulac, l'époux de Diana, aujourd'hui dans de mauvaises affaires, poursuivi par un créancier implacable.

André ne revient pas de la surprise que lui cause cette nouvelle; aussi, accable-t-il Charlotte de pressantes questions auxquelles la jeune fille croit ne pouvoir mieux répondre qu'en racontant d'un bout à l'autre au jeune homme l'histoire de Dulac et de Valentine.

En parlant, Charlotte a remarqué qu'André à son récit éprouvait de vives émotions, pâlissait et portait la main à son front comme une personne qui cherche un souvenir, et cela sans interrompre, et d'une oreille attentive.

— Hé bien, que pensez-vous de tout cela, André ?

— Que Dulac est le plus malheureux et le plus dupe des hommes ; que mon oncle en est le plus perfide.

— Comment cela ? je ne vous comprends pas, fait la jeune fille avec surprise.

— Sachez donc que ce Dargenson, l'époux de Marie et le persécuteur de Dulac, n'est autre que M. Daubremont, répond vivement André.

— Est-ce possible, mon Dieu ! s'écrie Charlotte en sautant de dessus sa chaise et se promenant à grands pas. Et ce pauvre Dulac qui a tant de confiance en cet homme! Ah! je devine tout maintenant; et moi qui, ce matin encore, ai porté à ce Daubremont une lettre dans laquelle le malheureux Dulac lui indique sa nouvelle retraite..... Ah! le vilain homme, quelle horrible machination! et que Dieu protège Dulac.

— Ne perdons pas un instant, Charlotte; courons à Anières prévenir Dulac, Valentine, les sauver s'il en est encore temps, et les emmener ici, chez moi, où ils trouveront un sûr asile contre le danger qui les menace, dit André en s'emparant de son chapeau et entraînant Charlotte. Ils montent en voiture, et roulent avec rapidité.

Pendant ce temps, sachons ce qui s'est passé à Anières en l'absence de Charlotte.

Trois heures de l'après-midi sonnaient à l'église du village, lorsque Tourniquet, de retour de la pêche, et propriétaire de sept goujons dont la capture lui avait coûté neuf heures de patience et de temps, se disposait à sonner à la grille de la maison.

— Monsieur, indiquez-moi, je vous prie, la maison de mademoiselle Charlotte Fontaine, lui demande un grand homme sec, au ton mielleux.

C'est ici, entrez, répond le jeune homme aussitôt ; puis prenant, sans plus d'information, le chemin de la cuisine afin d'y déposer sa pêche, Tourniquet laisse l'inconnu dans la cour. Cet homme se voyant seul, fait un signe au dehors, auquel accourent dix autres personnages qui, afin d'échapper aux regards, s'empressent de se cacher sous les remises, le péristyle et autres abris.

L'un de ces hommes, le chef de la bande, monte seul l'escalier, rencontre une jeune fille, et de l'air le plus aimable, s'informe de la chambre de M. Dorval à qui il désire parler de la part de M. Daubremont.

Valentine, car c'était elle, fixe l'inconnu et croit voir en lui un honnête homme, tant les apparences nous abusent souvent, et pourtant ce misérable n'est autre qu'un garde du commerce, s'insinuant ainsi que le loup en rempant dans la bergerie pour mieux y surprendre sa proie. Ce nom de Dorval, sous lequel il désigne son père, rassure la jeune fille, qui invite l'inconnu à vouloir bien la suivre.

— Je crois avoir l'avantage de parler à mademoiselle Valentine, l'aimable fille de M. Dorval? s'informe le garde en souriant de l'air le plus gracieux.

— Oui, monsieur, répond Valentine tout en marchant.

En passant près d'une croisée de l'escalier

donnant sur la cour, l'homme de police, du bout de sa canne, brise une vître dont les débris vont tomber avec fracas sur le pavé de la cour.

A ce signal convenu, les argousins à ses ordre débusquent de toutes parts, envahissent l'escalier sans bruit, et suivent à distance leur chef qui lui-même marche sur les pas de Valentine qui, prête d'ouvrir la porte de la chambre de Dulac, se retourne et pousse un cri de terreur en apercevant cette masse de recors qui pénétrent dans l'appartement.

—Quels sont ces gens? que demandez-vous, messieurs? s'écrie la jeune fille, pâle et tremblante, en se mettant aussitôt en travers la porte de la chambre dont elle veut défendre l'entrée.

—Parler à monsieur Dorval, je vous l'ai déjà dit, répond le garde du commerce.

— Et moi, dit à son tour un homme ceint de l'écharpe du commissaire de police, en s'approchant de la jeune fille que vient de lui indiquer le chef des recors, sommer la fille Valentine Dargenson de nous suivre à l'instant même, au nom de son père, pour être conduite par nous à la maison des femmes repentantes.

Valentine, à ces mots, pousse un cri, lève des mains suppliantes, puis tombe sans connaissance sur le parquet.

Dulac a entendu le cri de sa fille du fond de l'appartement; tremblant, il accourt à elle, ouvre la porte, et est aussitôt saisi par les recors. Encore cette terrible phrase : *Au nom de la loi, je vous arrête*, mots sans réplique auxquels il faut se soumettre.

Ce n'est pas de sa position que Dulac s'occupe en ce moment, mais de celle de sa fille vers qui il se penche, après s'être arraché par un brusque mouvement aux griffes des recors ; c'est de Valentine dont il soulève la tête qu'il appuie sur ses genoux, qu'il couvre de caresses, de larmes et qu'il appelle des noms les plus tendres.

Arrivent Tourniquet et le jardinier, attirés par le bruit, la bouche béante, la stupéfaction empreinte sur la face ; tous deux s'informent, et une fois instruits de la qualité des gens, s'emparent l'un d'une barre de fer destinée à la fermeture d'une fenêtre, l'autre d'un énorme chenet en fonte, qu'ils soulèvent et brandissent au-dessus de la tête des recors et gens de police, cela, les yeux remplis de fureur et de rage.

Arrêtez, malheureux ! gardez-vous de toucher ces hommes, et, par un généreux, mais inutile dévouement, d'encourir leur dénonciation, et d'attirer le malheur sur vos têtes, s'écrie Dulac suppliant en tendant les bras vers les deux amis qui se font ses défenseurs.

— Ah! c'étions, à ce qui paraît, des animaux dont le toucher donnions la mort? dit le jardinier en abaissant son arme.

La bande, qui d'abord a reculé en rugissant, dont les yeux respirent la férocité, menace ensuite avec insolence, et somme Dulac de la suivre aussitôt.

— Par grâce, un instant encore, que le regard de ma fille me console au moins de la séparation qui va s'accomplir, dit Dulac d'une voix sanglotante.

— Cette fille est Valentine Dargenson qu'un ordre du préfet de police nous enjoint d'emmener et de conduire en lieu sûr, d'après la plainte portée par son père, sur son concubinage avec le sieur Dulac et la dissolution de ses mœurs, fait entendre le commissaire de police chargé de l'arrestation.

— Infâmie ! s'écrie Dulac, hors de lui.

— Qui ? Valentine une fille perdue ? Excusez ! votre préfet est-il donc si nul qu'il laisse ainsi surprendre sa religion ? Valentine une fille perdue ! elle, un ange, tout ce qu'il y a de plus sage, de meilleur sur la terre ! excusez ! excusez ! en voilà de la police faite à la flanc ! murmure Tourniquet plus rouge qu'un coq, et trépignant d'impatience.

— Oui, on a abusé monsieur le préfet par un faux rapport, monsieur ; pitié et ménagement pour cette pauvre fille mourante ; c'est son père, son véritable père qui vous en conjure à genoux, dit Dulac au commissaire.

— S'il en est ainsi, monsieur, je vous promets d'avoir pour cette jeune fille tous les égards qu'on doit au malheur, répond le commissaire dont la figure, après examen, annonce mieux que l'état qu'il remplit. Un instant encore, et Dulac est entraîné brutalement loin de sa fille par des recors impatiens de saisir leur proie, habitués chaque jour à de pareilles scènes, eux dont la mission, en récompense d'un misérable et honteux salaire, est toute de désolation et de deuil.

Malgré les hauts et puissans priviléges que la police, de nos jours, accorde à ses accolites, ces misérables n'osent prendre sur eux d'entraîner Valentine mourante; force leur est donc imposée d'attendre que l'infortunée jeune fille revienne à la vie; ce à quoi s'occupe de la rappeler la femme de chambre de Charlotte, accourue à son tour, et à qui Dulac, emporté par les recors, a recommandé sa fille. Valentine renaît; force larmes et soupirs en ne revoyant plus son père près d'elle ni dans la chambre; puis, frayeur mortelle en apercevant les exempts de police, qui, le regard fixé sur elle, guettent le moindre de ses mouvemens pour la saisir et l'emmener aussitôt. Nul répit à attendre de ces hommes, qui, en acceptant leur déshonorante mission, jurent, chose inouie, d'éteindre dans leur cœur même jusqu'au sentiment filial et paternel, de dénoncer et livrer père, mère, enfant, famille; et il faut de ces gens là! et il y en a!

— Suivez-nous! fait entendre le commissaire, en s'adressant d'un ton brusque à Valentine. Alors, la pauvre fille de pleurer, de jurer de son innocence, d'avouer Dulac comme auteur de ses jours, et renier Dargenson pour son père. Peine inutile, une seconde sommation la contraint à l'obéissance; c'est alors que, livrée au plus violent désespoir, Valentine tombe aux genoux des exempts en suppliant, les yeux pleins de larmes, de lui épargner la honte et le déshonneur; c'est alors que Tourniquet, le jardinier et la femme de chambre joignent, en pleurant d'attendrissement, leurs prières à celles de la pauvre fille sans se douter qu'on ferait plutôt remonter les fleuves vers leurs sources ou tarir l'Océan, que d'obtenir pitié d'un homme qui s'est fait mouchard.

Or la bande, impatientée par tant de lenteur, et se livrant à sa brutalité naturelle, saisit Valentine par les bras, et, malgré ses larmes, ses cris, la traîne ainsi jusqu'à la rue où un fiacre mandé par le commissaire reçoit l'infortunée près de qui montent se placer et la souiller par leur hideux contact trois misérables exempts.

C'est vers Paris que roule la voiture qui emporte Valentine; c'est dans la cour de la Préfecture de Police qu'elle va s'arrêter. Vont-ils, selon leur affreuse coutume, enfermer l'innocence, la vertu, avec le crime et l'opprobre? vont-ils jeter la pauvre fille dans le cloaque où ils entassent pêle-mêle le malheur vertueux, les voleuses et la fille publique? non pas cette fois; car, à sa descente de voiture, Valentine, à moitié morte, est aussitôt livrée aux mains de deux vieilles religieuses qui la reçoivent avec douceur et compassion, qui la soutiennent pour monter dans une autre voiture, et se placent à ses côtés.

Elle roule encore, quitte une seconde fois la ville par la barrière de Vaugirard. Valentine, les yeux fermés et mouillés de larmes, garde un silence que n'interrompt que ses profonds soupirs.

— Calmez ce chagrin, mon enfant; vous êtes avec des amies qui auront grand soin de vous, qui vous aiment déjà, et dont les efforts tendront tous à vous ramener au souvenir de vos devoirs, à l'amour de la vertu, fait entendre d'une voix douce une des religieuses en s'emparant de son mouchoir pour essuyer les yeux de la jeune infortunée.

— Hélas! vous aussi, madame, je le devine à vos paroles, me prenez pour un être coupable et vicieux! soupire Valentine.

— Chère enfant, nous ne savons de vous que ce qu'on nous en a rapporté; M. Dargenson, votre père, se plaint de vos erreurs, de ce que, bien jeune encore, vous avez méconnu l'honneur et la décence en vous faisant la maîtresse d'un coupable séducteur, d'un homme marié, enfin.

— Mensonge! imposture! je ne fus jamais coupable d'une telle faute, je le jure devant Dieu qui nous voit et qui nous entend, madame.

— Vous croyez en Dieu, c'est bien, c'est très bien, chère petite.

— Je l'aime et l'honore ; plus, j'ai fait serment de ne jamais l'offenser, et je crois n'avoir pas faussé mon serment.

— Mais, enfin, qu'est donc l'homme qu'on accuse d'être votre séducteur, chez lequel on vient de vous arrêter, d'après la plainte de M. Dargenson? s'informe l'autre sœur.

— Mon père, madame, lui seul l'est à mes yeux, selon l'instinct de mon cœur et les lois de la nature ; quant à M. Dargenson, je ne le connais pas, je ne le vis jamais.

— Ma sœur, comprenez-vous quelque chose à tout cela? dit une religieuse à l'autre.

— Que cette jeune fille me paraît être un ange, victime de quelque vengeance.

— Oh! oui, vous avez raison ; mon pauvre père et moi sommes les victimes d'un méchant.

Comme Valentine terminait ces mots, la voiture qui avait atteint le village d'Issy, situé au-dessus de Vaugirard, entrait dans l'immense cour d'une maison religieuse, demeure silencieuse, peuplée de saintes et laborieuses femmes, où fut introduite la jeune fille.

— Voici l'asile, mon enfant, où, parmi nous, et occupée de nos travaux, M. Dargenson exige que vous fassiez pénitence des fautes dont il vous accuse : ne pleurez pas, Valentine, mais priez le ciel qu'il vous donne la force de supporter avec résignation la punition qu'un père vous inflige. Oui, par la prière, le repentir, rendez-vous digne du pardon, et d'être rappelée dans le monde. Pour vous, nous voulons être des amies indulgentes et bonnes; soyez-le de même à notre égard.

Ainsi parla la supérieure, en accueillant Valentine.

CHAPITRE VII.

Fouette, postillon!

Voyage.

Lorsque Charlotte eut quitté le négociant, après avoir remis à cet homme la fatale lettre où Dulac dévoilait sa retraite, Daubremont, enchanté de pouvoir mettre la main sur celui qu'il s'efforçait de chercher en tous lieux, après en avoir perdu les traces depuis quinze jours, que le notaire avait échappé aux gardes du commerce, et quitté la petite maison de Courbevoie, Daubremont donc se hâta de sortir pour se rendre chez l'huissier, afin d'engager ce dernier à remettre de suite ses recors en marche vers le village d'Asnières, et à réparer, cette fois, par l'inévitable arrestation de Dulac, leur premier échec dans cette entreprise.

Après avoir donné à l'huissier tous les renseignemens nécessaires pour la réussite de l'entreprise, ce fut à la Préfecture que se rendit notre homme pour réclamer aussi l'arrestation de Valentine, en qualité de père, et d'après une plainte qu'il avait portée précédemment. Et quand il eut mis en route les limiers du commerce et ceux de la justice; lorsqu'il eut appris l'heureux résultat des deux missions que ces gens étaient chargés de remplir; enfin, lorsqu'il sut Dulac enfermé à la prison pour dette, Valentine entre les murs d'une maison religieuse, que ni l'une ni l'autre ne pouvaient plus lui échapper, il rentra chez lui, se munit d'effets et de papiers, puis aussitôt se rendit à Luzarche où il savait de Brissac près de Diana, où il espérait trouver à son arrivée un séducteur heureux, une femme deshonorée, espoir le plus cher à son cœur, seul but où tendaient les désirs, la volonté de Daubremont, pour qui la ruine, la faillite, le deshonneur de Dulac n'étaient encore qu'un commencement de vengeance que devait compléter l'infidélité, la perte de Diana. Trois heures en route, et pour notre négociant s'ouvre la demeure des époux Ledoux, qui, dans le nouveau venu, accueillent un ami intime avec tout l'empressement et la joie possibles.

— Tu sais, Daubremont, que Diana a fait une grande maladie depuis qu'elle est ici, mais ça va mieux, tout à fait mieux ; elle se lève, marche et ne demande plus qu'à reprendre des forces, disait le droguiste, le bras passé sous celui de Daubremont, qu'il introduisait au salon.

— Savez-vous que c'est bien aimable à vous de venir ainsi nous surprendre? disait aussi madame Ledoux.

— Ah ça, tu n'ignores sans doute pas que nous avons depuis quelque temps ici un joyeux compagnon, un bon ami, qui nous a aidé à soigner Diana dans sa maladie, de Brissac, enfin, homme pas fier du tout, et qui, quoique noble, s'est sans façon fait l'ami intime d'un ancien épicier-droguiste.

— De Brissac! en vérité? fait Daubremont en feignant la surprise.

— Oui, de Brissac, homme beaucoup plus aimable que notre gendre, en ce qu'il porte plus d'intérêt cent fois à cette chère Diana, que son mari, qui, malgré nos invitations, n'a seulement pas eu la délicatesse de venir voir sa femme durant sa maladie; croiriez-vous cela, Daubremont? dit madame Ledoux d'un air fort mécontent.

— Oui, oui, le monsieur a craint de quitter un seul instant ses affaires pour venir s'informer et embrasser sa femme, à qui, chose monstrueuse et qui marque beaucoup d'indifférence, il n'a pas seulement daigné écrire, reprend l'ex-droguiste.

— C'est mal, très-mal! mais la chose ne me surprend pas, mes chers amis.

— Comment, cette indifférence pour la plus belle femme du monde, pour celle qui lui a apporté une dot superbe, ne te surprend pas, Daubremont?

— Pauvres amis! vous ignorez donc tout,

même la cause de la maladie de votre chère Diana?

— Tout, tout! mais dépêchez-vous de parler, car vous me faites frémir, dit madame Ledoux, dans l'anxiété.

— Sachez donc que Dulac votre gendre est en fuite.

— Hein? qu'est-ce que tu nous dis donc là?....

— L'exacte vérité; Dulac, mis en faillite par ses créanciers, s'est sauvé il y a quinze jours.

— O ciel! je vais m'évanouir! s'écrie madame Ledoux.

— Ce n'est pas le moment, ma femme, écoute, écoute, avant.... Daubremont, c'est un coup de massue que tu nous appliques là!...

— Je le sais, hélas! et ce qui me désole est

d'augmenter encore votre affliction, votre juste colère, en vous apprenant que ce misérable Dulac, en abandonnant votre fille, fuit en ce moment avec une maîtresse, jeune et belle, une nommée Valentine, votre ancienne locataire.

— Quoi! cette petite hypocrite? ah! la gueuse!! fait la dame.

— Mais, la dot de ma fille, l'étude, la charge? s'écrie M. Ledoux au désespoir.

— Tout est saisi.

— Cependant d'après le contrat, ma fille a des droits...

— Que mon homme d'affaire, chargé de surveiller la faillite, fera valoir, d'après mes ordres et renseignemens, répond Daubremont.

—N'importe! il faut aller à Paris voir...

—Il faut rester ici, ne t'occuper en rien de

cette affaire, et t'en rapporter, mon cher Ledoux, aux sûretés que j'ai prises.

— Cependant...

— Non, te dis-je ; d'ailleurs d'ici à l'ouverture de la faillite de ton gendre, il s'écoulera un mois et plus, que vous ferez bien d'employer, mes chers amis, à consoler votre fille, qui, instruite de l'inconstance de son époux, plus sensible à ce trait qu'à sa dot compromise, vient d'en faire une cruelle maladie.

— Cette chère petite, est-elle assez à plaindre! et moi qui dernièrement la félicitait sur son bonheur en roulant dans son beau carrosse, dit madame Ledoux.

— Voilà, oui, voilà où mène l'orgueil : la fille d'un marchand dédaigne le commerce, veut pour époux un homme du monde, et bêtes que nous sommes, nous cédons à ces extravagans caprices ; nous livrons nos filles et nos fortunes à cette caste de notaires et d'avoués, tous gueux parvenus, dont les charges se payent de nos deniers comptans, et que le luxe, l'inconduite, conduisent le plus souvent à la banqueroute et à l'hôpital, s'écrie l'ex-droguiste. Puis reprenant : Ah ! pourquoi Diana a-t-elle fait la sottise de refuser ton neveu, mon cher Daubremont? aujourd'hui, elle serait la femme d'un honnête homme, maîtresse d'un riche et excellent établissement, et nous n'aurions pas tant de tracas à essuyer.

— Comment, ce Dulac, qui semblait adorer sa femme, avait une maîtresse? le malheureux ! l'infâme!

— Oui, ma chère dame, et pour laquelle, dit-on, cet amant généreux, a métamorphosé en pierres fausses les diamans de sa femme.

— En voilà une indélicatesse, une monstruosité! soupire madame Ledoux.

— A ça, ce n'est pas tout, chers amis; je viens vous engager à m'accompagner dans un petit voyage que mes affaires me forcent d'entreprendre, voyage tout à fait agréable, dont le but est Baden, sur les bords du Rhin.

— Y penses-tu, Daubremont? lorsque nous avons la mort au cœur, lorsque les intérêts de notre fille nous appellent à Paris, tu nous offre d'aller courir la pretentaine!

— La santé de Diana ne peut que se trouver bien de ce voyage ; ensuite, refléchis, Ledoux, qu'il est important d'éloigner Diana, que son mari, dit-on, dans l'espoir d'obtenir d'elle l'abandon de sa dot, veut rappeler à lui, aussitôt que le sauf-conduit que doit lui accorder le tribunal, lui permettra de se remontrer sans danger pour sa liberté.

— Comment, ce misérable prétend obtenir de ma fille l'abandon de sa dot? oh, il s'abuse; jamais Diana n'y consentira.

— Moi, je vous dis qu'il obtiendra tout d'elle, parceque Diana l'aime, l'aime beaucoup; je n'en veux pour preuve que la maladie qu'elle vient de faire, la douleur que lui cause sa séparation d'avec son époux : or, que Dulac reparaisse, qui lui fasse le sacrifice de sa maîtresse, qu'il lui jure amour et fidélité, alors adieu la dot, car Diana ne résistera pas.

— Diable! diable! qu'en dis-tu, femme?..

— Que Daubremont a raison, que les choses arriveront comme il le dit, et que je suis d'avis d'entreprendre ce voyage. Ah! continue la dame, c'est que je connais notre cœur à nous autres pauvres femmes; il est toujours indulgent et facile pour celui qu'il aime.

— Alors, empêchons donc celui de Diana

de fléchir, en ravissant cette jeune femme aux tentatives que Dulac ne manquera pas de faire pour se rapprocher d'elle ; le temps seulement nécessaire à mon homme d'affaire, pour obtenir remise de la dot, et la mettre en sûreté.

—Très-bien, mais je crains que ce motif pécuniaire ne soit pas assez fort pour engager Diana à s'éloigner : la chère petite a une âme tout-à-fait désintéressée, voyez-vous, dit madame Ledoux.

— Laissez-moi faire, et je me charge en causant avec Diana de la décider à nous suivre, replique Daubremont.

— Eh bien, charge-toi de ce soin, mon bon ami, et nous partirons aussitôt. Au fait, je ne serai pas fâché du tout de voyager un peu; voilà quarante-cinq ans que je n'ai passé la banlieue de Paris, dit M. Ledoux.

Rendez-vous donc, près de Diana, vous la trouverez dans sa chambre, triste et occupée après sa tapisserie, conseille la dame.

— Et son inséparable, auprès d'elle, n'est-ce pas? dit Daubremont en riant.

— Non, car de Brissac a profité de la beauté de la soirée pour aller, le fusil sous le bras, attendre les lapins à l'affût, sur la lisière de mon petit bois.

Daubremont, désireux de profiter de l'isolement de Diana, accepte la proposition, et se rend aussitôt chez la jeune femme, qu'il trouve pâle et amaigrie, le coude sur le bras d'un fauteuil, et le front dans la main, puis les paupières humides de larmes. A la vue de Daubremont, la jeune femme se hâte de passer un mouchoir sur ses yeux, de sourire, et, s'étant levée, de venir au-devant du visiteur.

Ah! M. Daubremont, j'étais loin de m'attendre à une aussi agréable surprise.

— Replacez-vous, mon enfant; les convalescens sont dispensés de toute cérémonie; oui, asseyez-vous, et causons ensemble comme deux bons amis... A ça, nous avons donc été malade?

— Oui, quelques jours : chez moi, la plaie du cœur a affaibli le corps ; mais cela va mieux, beaucoup mieux... Vous arrivez de Paris, monsieur?

— Tout exprès pour vous voir, vous apporter des nouvelles.

— Qui sont?...

Dois-je vous en faire part ?.. votre position... votre faiblesse...

— Ah! parlez, parlez, monsieur; je suis disposée à tout entendre... C'est de mon mari, n'est-il pas vrai, dont vous venez nous entretenir?..

— Hélas! oui, de sa ruine...

— Je la connais.

— De la disparition de Dulac avec certaine femme...

— Valentine, sa maîtresse; oh, voilà qui est odieux!

— De son projet de vous contraindre à revenir près de lui, à lui faire l'abandon de votre dot, afin de l'employer à satisfaire ses créanciers.

— L'infâme! ah! croyez-le, monsieur, si je n'avais d'autres torts à reprocher à M. Dulac que sa ruine, je n'hésiterais pas un seul instant à tout sacrifier pour son repos, son honneur; et d'ailleurs, me serais-je séparée de lui? m'efforcerais-je en ce moment de le chasser de mon cœur, de l'oublier, si son seul tort était la pauvreté? Oh! non, non, car je le plaindrais, et ne l'en aimerais que davantage; mais m'avoir trahie, préféré une autre femme, et dépouillée pour elle, oh! voilà qui est affreux! ce que je n'oublierai jamais! termine Diana en sanglotant.

— Pauvre femme! tant d'amour pour tant d'ingratitude!... Oui, ce Dulac est un monstre, un homme odieux, indigne de posséder pour épouse un trésor tel que vous. Et cette Valentine, cette fille dont la fausse vertu m'avait séduit, cette fille dont je désirais faire la compagne, l'épouse de mon André!... Ah! le ciel m'a été propice en la démasquant à mes yeux, en m'éclairant au moment où j'allais faire le bonheur de cette hypocrite.

— Mon Dieu! mais il l'aime donc bien, cette fille?

— Il en est fou, dit-on.

— Oh! oui, la chose est vraie; je fus témoin de leur amour, de leurs caresses, soupire Diana.

— Diana, attendrez-vous que Dulac, armé de ses droits d'époux, vienne vous arracher à votre famille, qu'il vous contraigne à le laisser partager ses faveurs entre vous et Valentine, qu'il vous dépouille enfin de votre dot pour payer ses dettes et enrichir votre rivale? Oh, non cela ne peut être; vous ne repousserez donc pas l'offre d'un ami, qui, afin de vous mettre en garde contre votre propre faiblesse, et vous soustraire à la tyrannie d'un indigne époux, désire vous éloigner quelque temps de ces lieux, et faire de vous, de votre famille, ses compagnons dans un petit voyage qu'il va entreprendre vers les frontières d'Allemagne.

— Je me résigne, et j'accepte tout, monsieur ; disposez de moi, répond Diana avec insouciance.

— Ainsi, vous consentez à partir dès demain ?

— Oui, aujourd'hui même, s'il le faut, afin d'échapper aux volontés d'un homme que je ne veux plus revoir, que je fuis à jamais... Ah! Dulac, qui l'eût dit! pourquoi m'avoir réduite à cette extrémité? soupire Diana en cachant son visage et ses larmes dans ses deux mains.

— Allons, enfant, du courage! Est-ce donc une grande perte que celle d'un trompeur ?

— Hélas! c'est que je l'aimais tant! répond Diana en larmes.

— Diana, descendons près de vos parens ; allons leur apprendre que vous acceptez un voyage qu'eux-mêmes désirent avec ardeur.

Un instant encore, et Daubremont plaçant le bras de Diana sous le sien, emmène la jeune femme près de son père et de sa mère, et, tous réunis, conviennent de quitter Luzarche le lendemain matin, pour le reste de la belle saison. On était alors au commencement de septembre. Le retour de Brissac, arrivant de la chasse; puis le souper, et, après ce repas, M. et madame Ledoux qui gagnent leur chambre à coucher, après avoir donné des ordres aux domestiques pour le départ du lendemain; Diana qui suit ses parens, et Daubremont qui offre à de Brissac quelques tours dans le parc, ce à quoi l'engage un magnifique clair de lune, plus le besoin d'un exercice forcé que lui impose, ce soir, le sang qui le travaille et l'oppresse.

— Quoi de nouveau? s'informe de Brissac, aussitôt après avoir gagné le parc, et passant son bras sous celui de Daubremont.

— Que tout marche, excepté vous, au gré de mes désirs : Dulac emprisonné, perdu; Valentine captive dans une sûre retraite, où on la retient d'après mes ordres, soi-disant paternels; Dulac, qui croit sa femme furieuse contre lui, et insouciante de son sort; Diana qui pleure l'infidélité de son mari, et consent à le fuir au bout du monde; les parens furieux contre leur gendre; enfin, un imbroglio du diable, grâce à mes ruses, à mon adresse. Quelle tragédie! Pour que je sois dans l'enchantement, il ne me manque qu'une chose, un auxiliaire plus adroit que vous, de Brissac; vous, que j'avais choisi en qualité de Céladon irrésistible, enlevant d'assaut les cœurs et les scrupules, et qui en êtes encore au prélude de la délicieuse entreprise que je vous ai confiée.

— Oui, raillez, oh, vous avez beau jeu; mais aussi, mon cher, pourquoi diable m'avez-vous adressé à la femme la plus indomptable, à la seule peut-être qui soit attachée à ses devoirs d'épouse, et qui, jalouse de son mari, pleure son infidélité du matin jusqu'au soir? Vraiment, c'est à en perdre patience et courage.

— Ne vous avisez pas de cela, sot que vous êtes, surtout au moment où je vais ouvrir un vaste et libre champ à vos entreprises. Sachez que demain nous partons pour Baden.

— Pour Baden? fait de Brissac avec surprise.

— Oui, pour Baden, où une affaire m'appelle, voyage dont je profite pour éloigner encore plus Diana de son époux, dont je redoute les lettres, les plaintes...

— Les lettres surtout, interrompt de Brissac, car Dieu sait l'adresse qu'il m'a fallu déployer pour m'emparer, d'après votre recommandation, lors de mon départ de Paris, de toutes celles que Dulac n'a cessé, depuis leur séparation, d'écrire et d'envoyer à sa femme; lettres pleines de désespoir, de plaintes et d'amour, dont l'immanquable effet eût été d'attendrir la jeune épouse, et d'amener la ruine de notre entreprise.

—Et vous avez conservé toutes ces lettres?

— Toutes, répond de Brissac.

—Maintenant, à quoi avez-vous passé votre temps ici?

— A bien vivre d'abord, puis à soupirer en pure perte ; car, je vous le répète, Diana est inflexible; un mot d'amour échappé de ma bouche, et elle me faisait chasser de cette maison : telle a été la menace de l'inhumaine.

— Et vous avez obéi, mille tonnerres ! Oubliez-vous donc que ma vengeance, ma haine ne seront assouvies que le jour où vous aurez possédé cette femme ?

— Non je n'ai rein oublié; l'amour réel, les désirs qu'elle m'inspire, mon intérêt, le vôtre, ne me le rappellent que trop; mais les moyens de vous satisfaire ainsi que moi, lorsque Diana, vertueuse et fidèle, repousse mon hommage avec mépris ?

— La violence alors doit venir en aide à nos desseins, du moment que Diana est rebelle à vos vœux.

— La violence! effroyable moyen! fait de Brissac avec dégoût.

— Oui, le viol, plutôt que de laisser imparfaite une vengeance que j'embitionne plus que tout au monde, pour laquelle je consens à sacrifier amis, fortune, ma vie, s'il le faut. De Brissac, vos scrupules me fatiguent !

— Et vos exigences surpassent mon cynisme ; non, je ne me sens pas encore assez dépravé pour arracher par la violence des faveurs que mon cœur ambitionne. Cependant, rendez grâce à la blessure que m'a faite au cœur l'arme dont je voulais frapper Diana, cette femme dont, en riant et par pure fantaisie, je voulais la possession sans le cœur ; cette femme qu'après un triomphe facile, j'aurais sans doute méprisée et abandonnée, et dont les rigueurs, les brillantes qualités ont fait de moi son adorateur sincère et passionné ; oui, rendez grâce à tout cela ; car, depuis longtemps, j'aurais quitté la partie et rendu le repos à son cœur.

— Très-bien ! alors ; moi, j'aurais fait un signe, dit un mot, et la prison de Clichy serait devenue votre retraite ; car, songez-y, de Brissac, je suis en mesure. Cessez d'être mon complice, vous devenez ma victime, et votre tante la susceptible, deshérite son mauvais sujet de neveu.

— Au diable soit le jour où une maudite danseuse de l'Opéra, par ses caprices ruineux, me força de devenir votre débiteur ! s'écrie de Brissac avec colère.

— Allons, allons, ne nous fâchons pas, mon bon ami, et écoutez-moi : Nous partons demain pour l'Allemagne, où mille charmantes occasions vont se présenter de bien vous faire venir de votre belle ; là, encore j'aurai soin de vous ménager de doux tête-à-tête ; des chambres éloignées, très éloignées des oreilles indiscrètes, des officieux maladroits ; plus encore, de vous procurer les moyens d'entrer sans bruit dans le sanctuaire de l'amour et de la beauté endormie, et lorsqu'à même de contempler à votre aise, sans crainte de surprise, tant de charmes livrés sans voiles à vos entreprises amoureuses, vous consulterez alors votre cœur, votre passion, vous leur demanderez si ce ne serait pas l'œuvre d'un sot, que de respecter tant d'appas et d'en réserver la jouissance infinie à l'époux qui d'un mot en redeviendra l'heureux possesseur à notre nez, à notre barbe.

— Il serait infâme de votre part, Daubremont, de mettre ainsi ma vertu aux prises avec la tentation, car je suis loin d'être un saint, et, chez moi, la chair est faible.

— Je n'en doute pas, mon cher ami ; aussi est-ce pourquoi je me promets de remplir près de vous le rôle que le serpent joua près de la première femme, cette belle et innocente Eve.

— Savez-vous que ce rôle a quelque chose de bas ?...

— J'en conviens, aussi je maudis l'âge et l'impuissance qui m'empêchent de prendre celui d'Adam ; sans ces obstacles, mon cher, moi-même je me serais chargé d'une aussi douce mission, et n'aurais confié qu'à moi le soin d'accomplir ma vengeance. Puisqu'il en est ainsi, jouissez donc du bonheur que je vous indique, et cela en partant demain avec nous pour Baden, en vous laissant aller aux douces impulsions que vous communique ma volonté, ou attendez-vous à perdre la femme pour laquelle vous vous êtes pris d'amour, à voir sa fortune réparer les pertes de son époux, la paix et l'union dans le ménage que nous avons désuni, et votre douce indépendance claquemurée rue de Clichy. Or! choisissez, et agissez.

— Allons donc à Baden! fait de Brissac gaîment.

L'entretien nocturne s'arrêta là, et nos deux personnages ayant regagné le château et leurs chambres se mirent au lit.

Clic! clac! qu'est-ce que cela? le fouet du

postilion qui, à cinq heures du matin, appelle les voyageurs. Une demi-heure encore, et Daubremont, de Brissac, et la famille Ledoux, roulaient tous ensemble dans une chaise de poste sur la route de l'Allemagne. Nancy, Strasbourg, Rastadt, puis Baden que passe encore la chaise de poste où sont nos voyageurs, pour aller s'arrêter à Lithentall, joli bourg situé seulement à une lieue de la ville, Lithenthall où Daubremont prétendait avoir diverses affaires importantes à régler, où ils prirent domicile dans la meilleure auberge, sur le soir d'un beau jour, et très fatigués par la rapidité du voyage. Après une nuit passée dans un profond et salutaire repos, Diana, qui avait couché dans une chambre située près de celle de son père et de sa mère, s'éveilla de bon matin, soupira en pensant à Paris, puis se leva, ouvrit une fenêtre qui donnait sur la campagne, et là, des bois, des eaux, des prairies, des clochers dispersés vinrent, par leur ravissant aspect, réjouir sa vue. En effet, rien de plus beau que cette campagne qu'une heure plus tard la jeune femme parcourait avec de Brissac et sa mère. Le feuillage des vieux arbres se balançait sur leurs têtes, la brise d'une brillante matinée soupirait à travers les rameaux, les oiseaux modulaient un chant vif et joyeux, le ruisseau, caché sous l'herbe fleurie murmurait à leurs pieds avec harmonie. Ce fut donc au milieu de cette féerie de la nature qu'éclairait un soleil radieux, et par de charmans sentiers qu'ombrageaient des arbres séculaires, que nos trois promeneurs d'un pas lent arrivèrent à une magnifique cascade dont les eaux écumantes s'échappaient à grand bruit pour aller plus loin former une vaste nappe que verdissait le feuillage des arbres. Ce fut vers la onzième heure de la matinée que nos trois promeneurs regagnèrent Lithentall et leur auberge, où, en arrivant, M. Ledoux et Daubremont accoururent à leur rencontre de l'air le plus empressé, et le sourire sur les lèvres.

— Arrivez donc, paresseux ; voulez-vous laisser à Ledoux et à moi tout l'embarras d'un déménagement ?

— D'un déménagement ! fait madame Ledoux aux paroles de Daubremont.

— Certainement; nous quittons cette auberge pour aller planter nos pénates dans une délicieuse maison située à quelque distance de ce bourg, asile charmant, confortable que me prête pour un mois son propriétaire, une de mes vieilles connaissances, et où rien ne nous manquera en fait de jouissances et commodités de la vie.

Cette nouvelle, ce changement de demeure

surprennent d'abord les trois nouveaux venus qui, après le déjeuner, firent ployer bagage, et suivirent Daubremont dans une espèce de petit château admirablement situé, où des appartemens vastes, mais commodes, furent distribués à chacun. Diana seule parut un instant peu satisfaite de celui qui lui tombait en partage; la jeune femme le trouvait trop isolée de celui qu'allaient occuper ses parens; mais une vue admirable, un charmant boudoir, toutes les jouissances du luxe, finirent par la décider à l'accepter; ensuite Diana espérait dans ce séjour trouver une retraite silencieuse où il lui serait permis de se livrer aux arts, à la peinture surtout, dont les sites qu'elle apercevait de sa fenêtre lui offraient de gracieux modèles pour le travail qu'elle méditait dans l'espoir d'oublier, dans ces douces et tranquilles occupations, les peines de son cœur, un époux coupable et inconstant. Hélas ! elle ne savait donc pas, la jeune imprudente; que la solitude veut du bonheur, que l'accent confus des souvenirs crie trop haut dans la retraite où l'on cherche inutilement l'oubli, où les préoccupations de l'esprit se taisent devant celles du cœur, et que dans la tristesse rien ne fatigue comme le repos.

Mais près de Diana se trouvait un homme dont l'intérêt était de déjouer tous ces beaux plans de retraite, un homme qui, avant de céder aux terribles et funestes conseils que lui donnait Daubremont, voulait encore essayer d'attendrir son cœur à force de soins et d'égards, et, en cas de non réussite, d'oser tout alors.

CHAPITRE VIII.

Obliger vite, c'est obliger deux fois.

L'amitié et le dévouement d'une femme.

Rentrons en France, et reprenons de plus haut notre narration ; voyons Charlotte et André à leur arrivée à Anières, où l'un et l'autre comptaient retrouver Dulac et Valentine. D'abord, Tourniquet, qui, le visage pâle et contrit, se présente à eux lors de leur descente de voiture dans la cour de la maison ; puis le vieux jardinier, la femme de chambre, tous enfin, qui arrivent à la suite le nez baissé, la plainte à la bouche.

— Quoi donc? avez-vous, tous tant que vous êtes, perdu pères et mères, avec vos figures en deuil ? demande la jeune fille en sautant du marchepied à terre.

— Jarnigoi ! une fichue aventure, allez, not' dame, fait le jardinier.

— Une horreur enfin, fait à son tour la chambrière en s'essuyant l'œil.

— Une scélérate de raffle à laquelle j'étais loin de m'attendre, bien sûr ! dit aussi Tourniquet.

— Mais encore, qu'est-il donc arrivé ? interroge Charlotte avec inquiétude.

Alors Tourniquet, d'un air piteux, raconte la double arrestation ; et André et Charlotte de pousser un pénible hélas!

— Voilà ce que je craignais, ce qu'a provoqué la fatale lettre que le crédule Dulac m'a fait remettre à son ennemi! Oh, le misérable n'a pas perdu de temps, s'écrie Charlotte.

— Valentine arrêtée! mais quel est donc son crime? fait aussi André en soupirant.

Charlotte, qu'anime la colère, propose de ne point perdre un temps précieux en vains regrets, et de courir à l'instant même chez Daubremont. André accepte ; ils remontent en voiture, partent au galop, et se présentent à la demeure de l'oncle.

— Monsieur vient de partir pour la campagne, répond le concierge à leur demande.

— La campagne! laquelle? pour combien de temps? interroge André.

— Monsieur ne m'a instruit de rien.

Première déception, qui force les deux jeunes gens à se retirer après plusieurs autres questions non moins infructueuses. C'est chez de Brissac qu'ils dirigent leur course; chez de Brissac, de qui ils espèrent tirer quelque renseignement sur l'absence de Daubremont ; et de Brissac, apprennent-ils, est à la campagne depuis plusieurs jours, quelle campagne? on n'en sait rien. Deuxième déception.

Maintenant, à la Prison pour dettes, rue de Clichy; troisième déception, car on ne peut y pénétrer, voir le prisonnier sans une permission, et cette permission, ils ne l'obtiendront que le lendemain, l'heure étant trop avancée.

Le lendemain, sur les sept heures du matin, Charlotte et André, qui se sont rejoins, se mettent vite en route, et munis de la permission en question, se présentent à la Prison, où, dans une chambre isolée, ils surprennent Dulac, triste et pensif, les coudes sur une table et la tête appuyée dans les deux mains. Le bruit que font en entrant les visiteurs attire le regard du notaire qui, voyant en eux des anges consolateurs, pousse un cri de joie, et vient tomber dans leurs bras le visage baigné de larmes.

— Espoir et courage, ami ; puis, du sang-froid pour nous entendre, dit Charlotte.

Alors, commence une longue accusation portée contre Daubremont, accusation qui fait bondir Dulac sur son siége. Quoi, cet homme qu'il regardait comme son ami, son bienfaiteur, cet homme qu'il avait fait confident de ses peines, de ses plus secrètes pensées, était un traître qui abusait de sa bonne foi, de sa crédulité pour le tromper, l'assassiner en silence.

— Oh ! vengeance, vangeance ! s'écrie Dulac avec l'accent de la fureur.

— Non, mais grâce et pitié pour lui, après avoir déjoué ses coupables projets, car il est mon oncle, mon bienfaiteur, dit André, dans la terrible alternative où le placent la reconnaissance pour Daubremont et son amour pour Valentine, qu'il sait être la fille bien aimée de Dulac.

— Avant de songer à satisfaire les rancunes, trouvons d'abord le moyen de vous sortir de prison, mon cher notaire, pour de-là vous mener faire votre paix avec Diana, que ce sournois de Daubremont a seul indisposée contre vous, en vous faisant passer à ses yeux pour l'amant de Valentine, avec qui votre femme, accompagnée de Tourniquet, vous surprit dans un doux épanchement paternel à la petite maison de Courbevoie.

— Me rendre à la liberté! hélas! est-il un autre moyen pour me faire jouir de ce bien que celui d'acquitter ma dette, et sa valeur est telle que je ne puis l'espérer.

— Bah! il ne faut jamais perdre courage; espérez, répond gaîment Charlotte.

— Tous les fonds dont je puis disposer, monsieur, sont, dès ce moment, à votre disposition ; puisse ce léger service réparer un peu le mal que vous fait mon parent, dit à son tour André.

—De mon côté il en est de même de tout ce que je possède et pourrai réunir, sans parler de ce que j'espère obtenir de certaines démarches que je vais entreprendre aujourd'hui même, reprend la jeune femme.

—Généreux amis gardez un bien que je ne serai à même de vous rendre de long-temps; mais un service que j'attends de vous, un service bien grand, est celui d'aller désabuser Diana, et lui dire que je l'aime, que je n'ai jamais cessé de l'aimer un seul instant; puis encore, de vous informer du sort de Valentine, la consoler, la secourir au plus tôt.

— Oui, Valentine; mais, hélas! où peut-elle être, où l'ont-ils emmenée? fait André avec tristesse.

— Dans quelque maison de pénitence, de réclusion, où votre vilain oncle l'a fait coffrer sur un faux et criminel rapport, dit Charlotte.

— Ah, il nous la rendra, ou alors malheur à lui! répond André avec feu. Encore un long entretien où les visiteurs, non sans peine, finissent par faire briller une lueur d'espoir dans le cœur de Dulac, où ils lui promettent de travailler à sa délivrance, à et sa réconciliation avec sa femme; puis, ils le quittent en l'assurant d'une nouvelle et prompte visite, afin d'aller travailler de concert à l'exécution de leurs promesses.

— A combien, mon cher, peut s'élever la somme que vous venez si généreusement de mettre à la disposition de notre pauvre prisonnier ? s'informait Charlotte aussitôt sortie de la Prison.

— A soixante mille francs que j'ai déposés chez le banquier Folicourt, et qu'il tient à ma disposition, répond le jeune homme.

— Bien ! voilà qui fait un beau commencement : quant à moi, cachemires, diamans, emprunt sur ma maison de campagne, me procureront à peu près quarante mille francs; maintenant, reste à emprunter le reste sur la charge du notaire, et nous sommes sauvés.

— Oui, mais à qui emprunter ? s'informe André.

— A votre banquier, qui est le mien, le petit Folicourt, chez qui je me rends de ce pas, tandis que vous irez, mon cher André, à la Préfecture de Police réclamer Valentine, ou au moins prendre des informations sur son sort. Quelques mots encore, et ils se séparent : c'est chez son amant que Charlotte se fait conduire, où elle pénètre sans même se faire annoncer; chez Folicourt qu'elle trouve dans son cabinet, placé devant son bureau, le nez enfoncé dans une foule de paperasses.

— Ah ! c'est vous, bien-aimée de mon âme, mon gracieux lutin? fait le petit homme en ricanant et montrant ses grandes dents, puis s'empressant de se lever, pour conduire Charlotte sur un canapé où il s'asseoit à ses côtés.

— Moi-même, mon chéri, qui vient causer longuement avec vous.

— Soyez la bien venue; cependant, ma

chère Charlotte je vous ferai remarquer que vous arrivez juste à l'heure où il faut se rendre à la Bourse.

—J'en suis fâchée, mais vous m'entendrez avant, monsieur.

—Alors dépêchez-vous, ma colombe; songez qu'hier les charbons de terre m'ont fait gagner trois cent vingt mille francs, et qu'aujourd'hui je compte en gagner à peu près autant sur les portugais, les chemins de fer.

— Voilà qui est superbe, et je me réjouis fort d'apprendre que vous êtes en fonds.

— Allons ! encore quelque fantaisie qui vous a passé par la tête, et qu'il me va falloir satisfaire, n'est-ce pas, ma toute gracieuse ? Une caresse, voyons, une bien jolie caresse, et nous serons bien gentil, bien complaisant, dit Folicourt en mignardant, en penchant sa tête câlinement sur l'épaule de

Charlotte qui, malgré la laideur de l'amant, lui accorde un baiser.

— Folicourt, je ne doute nullement, mon ami, de votre tendresse pour moi; cette promesse de mariage que vous m'avez généreusement faite, m'en donne l'assurance. Oui, vous ne repousserez pas, par amour pour moi, de rendre service à celui pour qui je viens solliciter votre bienfaisance.

— D'autant plus, comme on dit dans un opéra dont je ne me souviens plus du nom, qu'un bienfait n'est jamais perdu.

— Oh, jamais. Or, écoutez-moi. Alors, Charlotte de raconter avec une masse d'embellissemens l'histoire de Dulac, de Valentine, et les fourberies de Daubremont; puis, son récit achevé :

— Eh bien, que pensez-vous de tout cela? s'informe-t-elle.

— Dam! que ce Daubremont ou Dargenson, comme vous voudrez l'appeler, est un fameux gueusard, un véritable traître de mélodrame, et que, quant à ce pauvre Dulac, que j'aime et estime, je ne lui prêterai pas un sou.

— Et moi, je dis que si vous ne payez sa dette à Dargenson, si vous ne rendez à ce malheureux son honneur et son état, je me brouille avec vous... D'ailleurs, qu'avez vous à craindre? André et moi faisons cent mille francs sans exiger ni hypothèque ni garantie ; plus, nous vous laissons pour cautionnement de votre prêt la charge intacte du notaire ; ensuite, réfléchissez que Dulac est adoré de sa femme, que Diana est la fille unique de gens riches qui l'adorent, dont elle est l'héritière. Or, où donc est le danger ?

— Certainement, je ne dis pas qu'il y ait danger ; mais déjà Dulac m'a fait attendre, beaucoup plus que la probité ne le permet, le remboursement des sommes avancées par moi pour payer sa charge ; et ce qu'il y a de réel c'est que, si je ne lui avais fait faire un riche mariage avec la fille de Ledoux, je ne serais pas encore payé.

— Oubliez-vous donc que ce pauvre Dulac, victime de sa confiance, perdit, il y a trois ans, deux cent cinquante mille francs qu'un fripon de banquier lui emporta juste la veille qu'il devait les verser dans votre caisse ?

— D'accord, d'accord ! même que ce Dupré, ce fripon, quitta la France, qu'on n'a pu découvrir sa retraite malgré toutes les recherches et démarches qu'on fit alors ; mais tout cela ne me décide pas à faire un nouveau crédit.

— Ainsi, celui que vous appelliez votre ami, que vous avez marié, associé à une honnête famille, est aujourd'hui ruiné, abandonné par vous dans le malheur ! Mais quel cœur avez-vous donc, monsieur ? est-il de roc, d'acier, d'airain ? Allez, vous êtes un Harpagon, un Juif, un homme sans humanité, un faux ami !

— Charlotte ! chère Charlotte, vous m'affligez, me confondez, me....

— Taisez-vous ! homme indigne, et désormais plus rien de commun entre vous et moi.... Voici votre promesse, reprenez là, car j'aurais trop à rougir si j'étais un jour l'épouse d'un être inhumain. Cela disant avec feu, les larmes aux yeux, Charlotte jetait aux pieds de Folicourt le papier contenant la promesse de mariage, à la grande stupéfaction de l'amant qui, la bouche béante, le regard sur le papier, restait muet et confondu. Charlotte, après cela, se met à pleurer, mais à pleurer à chaudes larmes, ce que voyant Folicourt, fait que revenant à lui et prenant la jeune fille dans ses bras. sur son sein :

— Ce beau dévoûment, ce noble désintéresssement, ces pleurs qui t'honorent, ma Charlotte, me désarment et te rendent cent fois plus chère à mon cœur ! Eh bien, oui, je paierai la dette de Dulac aujourd'hui même si tu l'exiges ; mais rends-moi ton amour, ta tendresse, ta confiance, ma colombe.

— Parlez-vous avec sincérité, monsieur ?

— Parole d'honneur !

— Alors embrassez-moi, et donnez-moi ensuite un ordre pour l'huissier de Daubremont, afin qu'il vienne toucher le montant de la créance à votre caisse.

— Un instant, chère amie, et les garanties donc !

— Je les obtiendrai aujourd'hui même de Dulac, et vous les remettrai. Allons, vite, pas de réflexions, point de retard, car obliger vite c'est obliger deux fois.

— Cependant !...

— Folicourt, mon ami, mon cher ami, faites ce que vous dicte le cœur de votre Charlotte; en ce jour, soyez amant en cessant d'être marchand d'argent.

— Démon, va ! tu fais de moi tout ce que tu veux ; mais le moyen de résister aux caresses, aux prières d'une enchanteresse de ta sorte !

En parlant ainsi, Folicourt, conduit par

Charlotte, qui l'accable des noms les plus doux, de mille et une caresses, se place à son bureau et y trace la lettre qui engageait l'huissier à venir toucher à sa caisse.

La jeune fille prend le papier, le sert dans son sein, puis, ramasse la promesse de mariage dont Folicourt lui promet la réalisation sous peu de jours.

Quelques instans de plus, que les amans, contens l'un de l'autre, emploient à se remercier comme ils l'entendent ou plutôt comme l'amour le leur indique; puis, Charlotte, s'arrachant des bras de Folicourt, regagne sa voiture pour courir chez l'huissier où elle entre comme la foudre.

— Tôt ! tôt ! vilaines gens, il s'agit de satisfaire votre cupidité, de palper des espèces; hâtez-vous, afin qu'on arrache aussitôt un malheureux de vos griffes.

Ainsi parlait Charlotte aux clercs accroupis dans la salle d'étude de l'huissier.

Les jeunes gens, surpris d'un tel langage, fixent sur la jeune et élégante fille un regard ébahi, puis l'un d'eux prenant la parole :

— De quoi s'agit-il, madame ?

— De vous dépêcher un peu, et d'aller toucher, chez le banquier Folicourt, le montant de la somme due à Dargenson par le notaire Dulac, et mettre aussitôt ce dernier en liberté.

— Je comprends ; mais notre patron, M. Vorace, n'est point au logis en ce moment.

— Ensorte que s'il plaît à votre Glouton....

— Vorace, madame, reprend le clerc.

— Glouton, Vorace, qu'importe ! il y a synonymie, s'il lui plaît, disais-je, de ne rentrer de quinze jours, il faut qu'un pauvre détenu attende sa commodité?

— C'est qu'il s'agit d'une somme trop importante pour qu'un clerc puisse se permettre d'aller toucher sans son ordre.

—A votre aise, monsieur; mais si demain, M. Dulac n'est pas libre par votre faute, c'est au procureur du roi que je m'adresserai.

Cela dit, Charlotte remet, sur un reçu, la lettre de Folicourt, et se retire. Alors les clercs, revenus de leur surprise, d'éclater de rire d'un air hideux à l'instar de celui du crocodille, c'est-à-dire en ouvrant des mâchoires capables d'avaler le genre humain, gouffres indispensables à la vocation qu'adoptent ces huissiers en herbe.

Notre infatigable Charlotte sortie de l'antre de l'exécuteur des hautes œuvres commerciales, se dirige aussitôt vers la rue de Clichy où elle va porter à Dulac joie et consolation, où ce dernier, plein de reconnaissance, d'admiration pour un dévoûment si grand et si désintéressé, tombe aux pieds de la jeune fille dont il baise les mains avec transport en les couvrant de larmes.

— Relevez-vous, mon ami, car ma récompense est déjà dans mon cœur; oui, l'aspect du mal, les actions infâmes d'un méchant homme m'ont rendue compatissante et serviable : oh! non! ne me remerciez pas, ne me rendez pas orgueilleuse, car le peu de bien que je vous fais me rend cent fois heureuse et contente de moi.

A cette scène d'attendrissement succède un long entretien, où Dulac, qui n'espère pas quitter sa prison avant le lendemain soir, prie Charlotte de se rendre tout de suite à

Luzarche près de Diana, de ses parens, afin de les instruire de tous les événemens dont il a été la victime ; de démasquer à leurs yeux le traître Daubremont, et préparer Diana à le revoir et à l'entendre. Charlotte ne sait rien refuser, mais il est un peu tard pour entreprendre, ce soir, un voyage de sept lieues. N'importe! elle emmènera un compagnon qui la rassurera en route, Tourniquet enfin, tout dévoué aussi à Dulac, tant il est vrai que le malheur nous donne quelquefois de plus sincères amis que le bonheur et l'opulence, appas des parasites.

La septième heure du soir sonnait comme Charlotte, après avoir renvoyé une lettre à André, afin de l'engager à surveiller, pendant la courte absence qu'elle allait faire, les démarches de l'huissier, de presser la mise en liberté de Dulac et la recherche de Valentine, tournait la route d'Anières à celle de la Révolte

pour se rendre, au grand trot, à Luzarche par
Saint-Denis, en société de Tourniquet qui,
ravi à la pensée de revoir Diana, avait sauté le
premier dans la voiture. Trois heures d'une
course rapide, et les chevaux, couverts de
sueur et d'écume, entraient nuitamment dans
la cour de la famille Ledoux, dont un concierge venait d'ouvrir les portes à nos deux
voyageurs.

— Bonsoir, Coloquet; c'est moi, Tourniquet, qui revient. Où est tout le monde? déjà
couché, n'est-ce pas, car je ne vois de la
lumière nulle part?

— Tout le monde! ah ben! y sont loin,
s'ils courent encore.

Et Tourniquet, à cette réponse, demeure
stupéfait.

— Qu'est-ce, mon ami? vos maîtres ne sont
point ici, dites-vous?

— Non, ma chère dame; y étions tous partis hier en compagnie d'un gros mossieu et d'un grand maigre qui demeurions ici depuis queuque temps.

—Fatalité! s'écrie Charlotte, puis, reprenant :

— Seraient-ils retournés à Paris?

— A ben oui! ils y tournons l'dos au contraire.

—A ça, Coloquet, ne te fais donc pas ainsi arracher les paroles du ventre; dis-nous tout de suite où ils sont allés, dit Tourniquet avec impatience.

— Oh! nenni, on nous l'avons défendu, surtout le gros mossieu.

— Daubremont? interroge Charlotte.

— C'étiont lui tout de même, répond le paysan bêtement en se grattant l'oreille.

— Et quand doivent-ils revenir ? s'informe Tourniquet.

— J'savons pas ditout.

— Eh bien ! garçon, si tu veux rendre un éminent service à ton maître, et conserver ta place, hâte-toi de m'apprendre où ils sont allés, sans cela tu seras chassé de cette maison. Allons, parle, où sont-ils ? dit Charlotte en plaçant deux pièces d'or dans la main calleuse du concierge-jardinier.

— Ah dam ! si vous vous y prenons comme ça, pu moyen de se taire, et pisque vous nous assurons que c'étions pour leur bien que vous désirez leur parler, allez donc les chercher en Allemagne.

— En Allemagne ! exclament Charlotte et Tourniquet.

— Et oui, tout de même, rien que ça, en

Allemagne, de dessus le bord du Rhin, comme me disions en partant avec eux not'amoureuse, la femme de chambre de ma'me Ledoux, not' maîtresse.

— Mais la ville où ils se rendent ? interroge Charlotte avec impatience.

— J'savons pas; seulement, y devons passer à Strasbourg à ce que j'avons entendu.

— En voiture, Tourniquet !

— Quoi ! pour courir après eux en Allemagne.

Non, mais pour revenir à Paris prévenir nos amis, prendre une chaise et des chevaux de poste.

— Quoi, sans nous reposer ici cette nuit, sans souper avant de nous remettre en voyage? s'inquiète Tourniquet d'un air piteux.

— Oui, ex-droguiste, oui, nous n'avons pas un instant à perdre. En voiture, en voiture!

Cela disant, Charlotte s'élançait sur le marche-pied, et Tourniquet, horriblemrnt vexé, d'imiter la jeune fille près de qui il reprend la place qu'il occupait en venant, et fouette cocher, la voiture part.

CHAPITRE IX.

O mort! tu as vaincu.

De Profundis.

— Postillon, où sommes-nous ?

— Sur le pont de Kell, partie de France, et bientôt en Allemagne, répondit en ce moment le postillon à Tourniquet qui, la tête passée à travers la portière d'une chaise de poste, adressait cette question au moment où la voiture traversait ce fameux pont dont la moitié appartient à la France et l'autre à l'Allemagne. Or, le temps employé à faire la question et à y répondre avait suffi à la voiture pour passer d'un royaume à l'autre. Mais en sus de Tourniquet, que contenait encore la chaise de poste ? Dulac et Charlotte. Oui, Dulac qui, libre et presque heureux, courait à la recherche de sa femme avec son ange protecteur, tous trois après avoir laissé André à Paris, André occupé à la recherche de Valentine dont il croyait être sur les traces. Mais nos voyageurs sont donc certains des lieux qu'habitent ceux près de qui ils se rendent, pour avoir entrepris ce voyage ?

— Non pas du tout ; ils espèrent seulement que la Providence et les renseignemens donnés par le concierge de la maison de Luzarche les guideront heureusement. C'est sur les bords du Rhin que ce dernier a dit que se rendaient Diana et ses compagnons de voyage; eh bien! le voilà, ce Rhin large et prodigieux, il court, il s'élance avec la rapidité du torrent en murmurant d'une voix grondeuse et terrible; puis, voilà Rastadt, petite ville peu peuplée, aux larges rues, aux maisons désertes, avec son château d'un style détestable. C'est peut être dans ce désert qu'ils trouveront leur monde; il faut s'y arrêter, visiter la ville, s'informer enfin, et la chaise de poste va s'arrêter à l'auberge. Il ne faut pas chercher tous ensemble, et pour cela on se sépare : Dulac avec Charlotte, Tourniquet seul; les uns d'un côté, le jeune homme de l'autre.

— Oui, une famille franchemann y avoir dimeuré dans une betite mison sur la route de Carlsrhue, à la entrée de la Forêt Noire;

répond un gros Allemand assis à sa porte et en train de fumer paisiblement sa pipe, à Tourniquet, qui vient de l'interroger.

— Pourriez-vous m'indiquer de quel côté je dois prendre pour me rendre à cette maison?

L'Allemand indique, et, quoique Tourniquet n'ait pas compris la moitié de son baragouin, il ne s'en met pas moins en route du côté indiqué, persuadé qu'il est que cette famille française n'est autre que M. et Madame Ledoux, leur fille et compagnie. Une route fort longue à travers une belle campagne, puis la lisière d'un bois. Tourniquet, désorienté, désire s'informer, et pour cela se dirige vers des paysans qu'il voit au loin dans un champ; il les atteint, parle français à ces gens qui, n'en sachant pas un mot, le regardent, se regardent, puis répondent en allemand que Tourniquet ne comprend pas non plus.

Or, comment s'entendre ? N'importe, une petite maison sur la route, à l'entrée de la Forêt Noire, lui a dit le gros fumeur; cela doit être facile à trouver; et, tournant le dos aux villageois, le jeune homme continua sa route en longeant le bois, dans l'espoir d'apercevoir quelque maison, et ne découvre rien. Il marche encore; infatigable, il ne s'aperçoit pas que le jour baisse, que le temps se couvre de nuages noirs; non, car il pense à Diana, au bonheur qu'il éprouvera à la revoir, et ce bonheur est peut-être prochain. Du courage donc! Ah! une habitation, enfin, que les yeux de Tourniquet viennent d'apercevoir au bout d'une longue avenue du bois; maison blanche et coquette, qui donne idée de l'opulence de ceux qui l'occupent. Cinq minutes de marche, et Tourniquet sonnait à la porte de cette maison, que vient aussitôt lui ouvrir une vieille paysanne à la mine repoussante et maussade, à qui Tourniquet adressa poliment ces paroles :

— Est-ce ici qu'habite la famille de M. Ledoux? Pas de réponse, car la vieille, qui n'a rien compris à cette question, après avoir fait entrer le jeune homme, lui fait traverser une grande cour, monter ensuite un escalier, l'introduit dans une chambre à coucher, où, sans avoir desserré les dents, elle le laisse seul aussitôt, et l'enferme à doubles tours.

Tourniquet, aussi surpris que contrarié de se voir mis sous les verroux, crie, appelle, frappe du poing sur la porte; mais peines inutiles, personne ne vient à sa voix, tout est sourd, tout est muet. Une fenêtre que le jeune homme s'empresse d'ouvrir, moyen de fuite, peut-être? Hélas non, car elle est à trente pieds du sol. Une table dressée dans un des coins de la pièce, et couverte de viandes, de pâtisserie et de vin, consolation ! Du moins il ne mourra pas de faim. Tourniquet voit avec effroi le jour s'éteindre tout-à-fait, et l'obscurité faire disparaître autour de lui tous les objets ; mieux encore, le ciel, où se sont amoncelés les nuages, déverse en ce moment sur la terre un torrent de pluie. Plus d'espoir donc pour lui de retourner ce soir à Rastadt, lors même qu'il ne serait point retenu prisonnier. Mais où est-il ? Quelle est cette demeure ? Quels sont les gens qui l'habitent ? Pourquoi l'y retient-on de force ? Telles sont les pensées fort peu rassurantes qui assiégent l'esprit de Tourniquet qui, au désespoir, recommence à tapager à la porte, et voyant qu'il perd son temps, se met, de rage, à table, mange comme deux, boit comme quatre, afin de se donner du courage, et qui, rassasié, chancelant, se déshabille et se fourre dans un excellent lit tout de plume, où il s'endort profondément. Il y avait tout au plus deux heures que notre garçon droguiste oubliait sa situation critique dans un doux sommeil, lorsqu'il se sentit réveiller par le frôlement d'un corps qui se glissait à côté de lui dans le lit.

— Qu'est-ce ? s'écrie Tourniquet effrayé en se mettant vivement sur son séant, et dont un voluptueux baiser vient clore les lèvres, dont une phrase allemande, prononcée par une voix féminine, cherche à calmer les craintes.

— Une femme ! murmure Tourniquet dont la main hardie, conduite par une tête animée, ose palper des formes qui, quoique maigres, semblent être passables, dont les contours, la chaleur, excitent dans l'âme du jeune homme les désirs amoureux. Examen fait, Tourniquet se décide à profiter en homme capable et galant de la bonne fortune que le ciel lui envoie, et, pour cela, il répond avec feu et transport aux caresses et aux agaceries de l'inconnue. Une nuit de volupté, et, le matin, le premier rayon du soleil levant venant à éclairer la chambre, éclaire aussi le regard que Tourniquet, le curieux Tourniquet, s'empresse de diriger sur sa compagne que les fatigues d'une nuit d'amour ont plongée dans un sommeil réparateur. Quelle horreur ! cinquante ans pour le moins, avec cela une figure atroce, un nez crochu et le teint jaune potiron ! Tourniquet, effrayé et croyant avoir une sorcière à ses côtés, saute à bas du lit, et par ce mouvement brusque éveille la dame qui, ouvrant les yeux et apercevant Tourniquet, s'écrie avec surprise, en mauvais français !

— Ce homme n'être pas Bitermann mon cocher !

— Ton cocher ! ah ! tu croyais coucher ici avec ton cocher, vielle libertine? s'écrie Tourniquet vexé en s'habillant à la hâte.

Comme il terminait, des coups violemment appliqués sur la porte de la chambre retentissent avec force, une grosse voix se fait entendre au dehors en prononçant d'affreux jurons allemands. A cet accent, la vieille, fort effrayée, s'écrie en sautant du lit :

— O ciel ! mon époux, lé paron de Walterbrac !

Les coups redoublent, la porte s'ébranle, elle tombe, et le baron de Walterbrac, énorme personnage, petit, trapu, le visage écarlate, les yeux flamboyans et remplis de fureur, apparaît, terrible et menaçant, la main armée d'un gourdin. Or, le baron de

Walterbrac, époux offensé qui, ayant appris que madame la baronne, sa femme, donnait en tapinois, et deux fois par semaine, des rendez-vous amoureux à son cocher dans cette maison de campagne, arrivait pour surprendre l'adultère, et rouer de coups l'impertinent valet qui, sans respect pour son titre de baron du Saint-Empire, osait le cocufier. Tourniquet, qui a deviné le danger, voulant esquiver la correction, essaie de fuir, mais le mari ne lui en laisse pas le temps, et tombe sur lui à grands coups de bâton; Tourniquet, que la douleur pousse au désespoir, fuit vers la table, saisit une bouteille de chaque main, et les casse sur la tête du baron, qui tombe aussitôt noyé dans son sang. A ce spectacle la vieille baronne tombe évanouie sur le lit, la chemise retroussée et les charmes à l'air, et Tourniquet saisissant l'occasion, se lance sur l'escalier, où il trouve trois ou quatre grands valets en sentinelle et armés de bâtons, ce qui fait que le jeune homme, remontant quelques marches, se jette dans une chambre de l'entre-sol dont la fenêtre donnait heureusement sur le bois. Quinze pieds à franchir pour tomber sur un épais gazon. Tourniquet n'hésite pas; il s'élance, il est libre, et s'enfonce dans le bois, où il erre une partie de la matinée avant de retrouver la grande route qui, non sans fatigue, le remène à Rastadt, où en arrivant, rompu, moulu, il retrouve à l'auberge Dulac et Charlotte, fort inquiets de son absence, et à qui il s'empresse aussitôt de raconter sa mésaventure à la grande joie de la jeune fille.

— A ça, et vous, répond Tourniquet, avez-vous découvert nos fugitifs?

— Non, pas ceux que nous sommes venus

chercher en ce pays, mais un autre, un fripon dont j'ai reconnu ce matin les traits sur une des places de cette ville, duquel, après l'avoir suivi, j'ai découvert la demeure, et à qui je me propose de faire tantôt une visite; car il s'agit de faire dégorger à ce nommé Dupré, premier moteur de mes chagrins, une somme importante que je lui ai confiée, il y a deux ans, et avec laquelle il prit la fuite le lendemain. Cet homme, d'après les informations que j'ai prises ce matin, jouit ici, sous un nom supposé, d'une grande considération et d'une fortune acquise au dépend des malheureux qu'il a ruinés à Paris, où il faisait la banque, et passait pour être un millionnaire, dit Dulac, occupé à sortir d'une malle de voyage une boîte plate en bois, d'à-peu-près un pied carré, qu'il dépose ensuite sur la table.

— Je crois deviner vos intentions, Dulac;

permettez que je vous accompagne chez cet homme, propose Charlotte.

— Non, car une femme serait de trop dans une semblable circonstance, où il s'agit seulement d'effrayer un fripon.

—Effrayer! passe, mais prenez garde de vous attirer une mauvaise affaire dans ce pays, et cela en pure perte, observa la jeune fille.

— Dulac sourit, et, pour toute réponse, ouvre la boîte, en sort deux pistolets, et montre à Charlotte qu'ils ne sont pas chargés. Tourniquet, qui n'a rien compris de tout cela, interroge vainement; Charlotte lui impose silence. Ils quittèrent, le soir, Rastadt, pour se rendre à Baden, où peut-être seront-ils plus heureux dans leurs recherches.

Trois heures; Dulac prend congé de ses

amis, écoute encore les conseils prudens que lui donne la jeune fille, promet d'y avoir égard, puis s'éloigne. Notre notaire traverse la ville, atteint une des portes, et, dans le faubourg, sa main fait retentir le marteau de la porte d'une maison de grande apparence.

— M. Willam? s'informe-t-il au valet qui vient ouvrir.

— Monsieur est chez lui; votre nom, s'il vous plaît?

— Daubremont, répond Dulac, qui prend ce nom au hasard.

Un instant d'attente, et le visiteur est introduit, à travers un immense et riche appartement, dans une belle pièce servant de bureau, et dans laquelle sont entassés papiers, registres et cartons; une porte s'ouvre, un petit homme, maigre et jaune paraît, et s'avançant joyeux vers Dulac.

Monsieur est, à ce qu'on vient de me dire, M. Daubremont, à qui j'ai loué, il y a quelques jours, ma maison de campagne de Lithenthall, et que je n'avais pas l'avantage de connaître?.. Monsieur se donne la peine, sans doute, de m'apporter le montant de ladite location? dit-il en se frottant les mains, et se plaçant à son bureau, sans attendre la réponse du visiteur.

— Non, monsieur, je ne vous apporte pas d'argent, je viens au contraire en toucher... Voici le reçu que vous me donnâtes, il y a deux ans, d'une somme de deux cent vingt mille francs que je déposai en votre caisse, et que vous oubliâtes de me restituer en quittant la France quarante-huit heures après, répond Dulac avec fermeté, en montrant à l'ex-banquier Dupré le reçu qu'il vient d'atteindre dans son portefeuille.

— Qu'est cela? je ne connais pas! répond Dupré en pâlissant, sans même daigner jeter un regard sur le papier.

— Moi, qui reconnais en vous Dupré, le fripon, l'auteur de ma ruine et de celle de tant d'autres. Je vous somme, moi, Edouard Dulac, de me restituer, à l'instant même, l'argent que vous m'avez volé.

— Vous perdez la tête, mon cher; je ne vous connais pas; mon nom est Willam, et non Dupré, s'écrie le petit homme tremblant et cherchant à se lever, mais que Dulac retient sur le fauteuil.

— Ne faites aucune tentative pour fuir ou appeler, sans cela je vous brûle la cervelle à l'instant, dit Dulac, en présentant le bout d'un pistolet à Dupré qui, à la vue de l'arme, pâlit encore plus.

— Prétendez-vous m'assassiner, monsieur?

— Oui, vous tuer, si vous ne me payez à l'instant!

— Mais c'est un guet-apens! une infamie!

— Payez, vous, dis-je, misérable, ou vous êtes mort.

— Les lois me feront justice de cette violence!

— Les lois vous enverront aux galères, si je dis un mot à la justice, si je lui indique votre criminelle personne... Allons, hâtez-vous, ou je ne réponds plus de rien, termine Dulac en plaçant le doigt sur la détente de l'arme.

— Croyez-vous donc que pareille somme soit à l'instant même à ma disposition.

— Tant pis pour vous alors, car il me la faut entière, et tout de suite.

Dupré, plus mort que vif, se décide enfin, d'une main tremblante, à ouvrir un large et profond tiroir, dont il sort un grand portefeuille à fermoir, qu'il ouvre, et où il atteint une liasse de billets de banque.

— Cent vingt mille sur la Banque de France, soixante, sur celle de Vienne en Autriche; maintenant, tuez-moi pour le reste, car je ne puis vous le remettre, ne le possédant pas, dit Dupré.

— J'en suis désespéré, mais il me faut encore ces quarante mille francs.

— Encore, impossible, mon cher monsieur ; parole d'hon… je ne les ai pas en ce moment ; je vous demande vingt-quatre heures seulement pour les réaliser.

— Vous avez loué, disiez-vous tout-à-l'heure, une maison de campagne à un nommé Daubremont ; cette maison, de quelle valeur est-elle ?

— Charmante demeure ! vrai paradis, cinquante mille francs.

— Je vous en donne quarante sans la connaître.

Dupré accepte la proposition, signe l'acte de vente de cette propriété, acte que Dulac dressa à la hâte, et dans lequel Dupré reconnaît avoir reçu le prix de la vente en deniers comptans.

— A ça, jeune homme, nous voilà quittes et bons amis ; aussi j'espère que vous garderez le secret sur nos malheurs, en ce pays, surtout. Oubliez donc Dupré, et ne voyez plus en moi que Willam, un homme totalement ruiné, grâce à la prompte restitution que vous venez d'exiger de lui.

Dulac laissa ces paroles sans réponse, car, après avoir mis en portefeuille les valeurs et serré le tout dans sa poche, il s'éloigne au plus vite pour porter à Charlotte et à Tourniquet l'heureuse nouvelle de sa réussite; puis cette autre, non moins précieuse encore, de la découverte du pays qu'habite Daubremont, chez qui indubitablement doivent se trouver Diana et sa famille.

— Vite, en route, tandis que le bonheur semble nous déverser ses faveurs à pleines mains, s'écrie Charlotte en sautant de joie.

Tourniquet, chez qui se fait vivement sentir en ce moment la douleur occasionée par les coups de bâton que lui avait distribués le matin le baron de Walterbrac, oublie tout pour se livrer avec ardeur aux préparatifs du départ. Pourquoi ? parce qu'il ignore s'il n'a pas tué le noble baron, et craint en diable les suites de cette affaire en restant plus longtemps à Rastadt. Une heure au plus, et la chaise de poste qui emportait les trois amis roulait avec rapidité sur la route de Rastadt à Baden ; à Baden située sur la pente rapide d'une colline, vieille cité dont plusieurs habitations élégantes et modernes cherchent à rajeunir l'aspect, Baden que ne firent que traverser nos trois voyageurs pour aller s'arrêter, non loin de là, au bourg de Lithentahll, but de leur voyage, et où ils espèrent rencontrer amis et ennemis. Il faisait nuit lors de leur arrivée et qu'ils prirent gîte dans la même auberge où quelques jours avant étaient descendus Diana, sa famille, Daubremont et de Brissac. Plusieurs questions adressées à l'aubergiste, et les nouveaux venus sont bientôt instruits que ceux qu'ils cherchent habitent en effet le pays, à quelque distance du bourg. Les trois amis, seuls et enfermés dans une chambre où on leur a servi à souper, tiennent conseil sur la manière dont ils se présenteront chez Daubremont. Charlotte est d'avis de voir Diana avant tout, de l'entretenir en particulier, de la désabuser sur le compte de Dulac, afin que ce dernier, en se présentant, n'ait plus qu'à ouvrir ses bras pour y recevoir une épouse aimante. Tel est l'avis de Charlotte, avis que Dulac repousse comme traînant trop en longueur; le sien, celui que lui dictent l'amour, l'impatience, et surtout la jalousie que lui inspire la présence de de Brissac près de Diana, est d'aller, ce soir même, tous les trois ensemble, frapper chez Daubremont, et de méduser le perfide par leur présence inattendue. Grands débats, force bonnes raisons qui font que la proposition de la jeune fille l'emporte sur les autres, malgré la vive impatience de l'époux. Ainsi donc le lendemain matin, Charlotte, cachée sous un grand voile, et enveloppée d'un ample châle, se rendra aux abords de la maison, et là, elle tentera l'occasion de s'introduire près de Diana, afin de l'instruire sans témoin.

La séance est levée; à minuit, chacun se retire dans la chambre qui lui a été destinée; Dulac, non pour goûter un sommeil qui depuis longtemps fuit loin de lui, un repos que le voisinage de Diana chasse encore plus de sa paupière, mais bien pour se livrer en silence à ses souvenirs, à ses projets pour l'avenir. Quant à Charlotte, satisfaite de la marche des affaires qu'elle a entreprises si généreusement, confiante dans le succès de l'entreprise qu'elle doit tenter le lendemain, c'est dans l'intention de passer une bonne nuit qu'elle a hâte de se mettre au lit; et quant à Tourniquet, plus raide qu'un morceau de bois, dont toutes les parties du corps éprouvent une douleur cruelle, c'est afin de se couvrir de compresses qu'il s'empresse aussi de mettre culotte et habit bas.

La nuit qui s'écoule, puis le jour, et le coucou de l'auberge qui, frappant avec force la sixième heure du matin, arrache Charlotte de son lit et la fait s'habiller avec précipitation. La jeune fille refuse le bras de Dulac qui s'offre de l'accompagner; Dulac, à qui elle recommande patience et prudence, et dont elle s'éloigne accompagnée d'un des garçons de l'auberge qui doit lui servir de guide. La matinée est belle, le soleil dore de ses feux un vaste paysage, la route que parcourt Charlotte d'un pied léger est abritée par de beaux arbres; une riche végétation, des villages élégans semés çà et là, ces maisons dont la vigne, de ses pampres et festons, caché les murailles, ces berceaux de clématites et de chèvrefeuille, ces fleurs humides de rosée, dont la tige flexible se balance au souffle du zéphir, réjouissent la vue et flattent l'odorat de la jeune fille pour qui s'achève promptement et sans fatigue ce petit voyage. Le guide indique la maison; Charlotte, qui veut être seule, congédie cet homme. Le petit château, puis une haie vive qui entoure le jardin dans lequel pénètre Charlotte au moyen d'une petite porte qu'elle trouve entr'ouverte. Un bruit de pas se fait entendre, Charlotte n'a que le temps de se jeter dans un massif d'arbres afin d'éviter d'être aperçue. Deux hommes qui se promènent, qui s'avancent vers le massif, et dans qui la jeune fille reconnaît Daubremont et de Brissac, qui en se promenant s'entretiennent avec chaleur, et viennent se placer justement sur un banc de pierre situé tout près du massif, qui sert en ce moment de refuge à Charlotte. Alors, sans oser respirer à peine, cette dernière prête une oreille attentive.

— Je vous le répète, il est grand temps de surmonter vos niais scrupules, et d'agir cette nuit même; je vous ai remis la clé de sa chambre, j'ai tout disposé pour que ses cris soient superflus; nul ne viendra à son secours, ni vous interrompre dans cette brusque séduction; chassez donc toute crainte, toute faiblesse, et devenez l'heureux possesseur de Diana, qui, d'abord, désolée et plaintive, finira par pardonner à son adroit séducteur, et lui dérober elle-même les carresses qu'elle lui refuse en ce moment; ainsi disait Daubremont à de Brissac.

— Le sort en est jeté, oui, je me rends à vos conseils, dégoûté que je suis des rigueurs dont cette femme inhumaine et orgueilleuse paie mon amour et mes soins assidus, répond le jeune homme.

— Il y a longtemps que vous auriez dû prendre ce parti, mon cher ; surtout plus de retard, songez que ce misérable Dulac s'est soustrait de mes griffes, a reconquis sa liberté en payant les créances avec lesquelles j'exerçais sur lui ma vengeance, à ce que nous annonce la lettre de mon huissier, que j'ai reçue ce matin, à ma grande surprise et à mon grand mécontentement.

— Comment Dulac a-t-il pu se procurer cette forte somme en aussi peu de temps? s'informe de Brissac.

— Le Diable m'emporte, si je m'en doute ; un miracle seul aura pu l'arracher aussi vivement aux embarras que ma haine avait su lui susciter. Je n'ai donc plus d'espoir qu'en vous, mon cher de Brissac, pour rendre à cet homme odieux affront pour affront; c'est en violant son épouse, en en faisant votre maîtresse, votre jouet, en affichant cette femme, en proclamant hautement la honte de son mari, que vous assurerez ma vengeance et satisferez ma haine. Songez à bien me servir sans plus de délai, et je couronnerai les jouissances que je vous décerne du don d'un quart de ma fortune.

— Encore une fois, monsieur, mon cœur, en cette affaire, n'est guidé ni par la crainte, ni par l'ambition; l'amour vrai que m'a inspiré Diana, ce sentiment qui, d'un badinage, d'un caprice, est devenu chose sérieuse en moi, vous assure seul de ma soumission à servir vos projets; non, je ne laisserai point

Dulac reconquérir la possession d'une femme que j'aime ; non, elle ne retournera pas dans ses bras pure de mes caresses ! Diana doit m'appartenir, il me la faut, je la posséderai ! répond de Brissac avec feu.

— Bien, très bien ! vous voilà tel que je vous désirais. A l'œuvre donc, et que cette nuit, lorsque tout reposera dans cette demeure, l'audace fasse de vous l'amant le plus fortuné, et de Dulac le plus cocufié des époux.

— Cette nuit, je vous le promets, dit de Brissac. Et tous deux se lèvent, puis, poursuivent leur promenade en continuant cette causerie, dont Charlotte n'a pas perdu un mot.

— Allons, nous arriverons fort à temps, à ce que prouve ce que je viens d'entendre... Non, chers amis, vous n'aurez pas la satisfaction que vous vous proposez ; non, de Brissac, tu ne posséderas pas la femme de l'homme que je protége, dont je me suis faite l'ami et le défenseur. Cela murmuré entre ses dents belles et blanches, Charlotte, par une allée ombreuse, s'avance vers l'habitation; là, son regard parcourt, épie, puis se repose sur une fenêtre ouverte, où de temps à autres, armée d'un pinceau, se montre une main qui monte et descend; enfin, la main d'une personne qui peint étant assise, et dont le corps se trouve caché derrière le mur servant d'appui à la fenêtre.

— Ce doit être Diana, car je reconnais cette main blanche et potelée; cela disant, Charlotte se haussait par le moyen d'un banc de gazon. Oui, c'est Diana, j'aperçois sa tête charmante; elle-même me regarde... Ah! si j'osais!.. Charlotte hésite, puis, bravant tout, elle s'élance sur le péristile, gagne un escalier, le franchit, et s'orientant de son mieux, pénètre dans un corridor. Une porte s'ouvre, et Diana paraît; Charlotte court à elle, la repousse dans la chambre, et s'y enferme avec elle.

— Charlotte! fait la jeune femme avec surprise en reconnaissant la visiteuse inattendue, qui a jeté son voile.

— Oui, elle-même.

— Toi, en Allemagne! par quel hasard?

— Pour te sauver, te sauver! Écoute, Diana, écoute, car le temps presse, et j'en ai long à te raconter.

— Me sauver! je cours donc un danger? Parle, parle, Charlotte.

— Dabord, sache donc tout de suite que ton mari n'a jamais cessé de t'adorer, qu'en ce moment il est libre, heureux...

— Assez, assez sur cet infidèle, interrompt vivement Diana.

— Sache donc, reprend la jeune fille, sans tenir compte de la défense, que Valentine n'est autre que la fille de ton mari, et le fruit de ses amours de jeunesse avec Marie, l'épouse forcée de Daubremont...

—O ciel! que m'apprends-tu, Charlotte!... Ah! parle, parle! car tu me rends la vie.

Alors, Charlotte, sans respirer à peine, raconte à Diana l'histoire de Daubremont, la haine, la perfidie de cet homme envers Dulac, puis, les amours malheureux de ce dernier avec Marie, sa tendresse paternelle pour Valentine.

Diana, en écoutant, pleure, soupire, presse les mains de Charlotte, qu'elle comble de remercîmens, de caresses en faveur de son beau dévoûment envers Dulac. Mais Charlotte n'a point encore tout dit, et c'est en instruisant Diana du guet-apens dont elle devait être la victime, la nuit prochaine, qu'elle porte l'effroi, l'indignation dans le cœur de la jeune épouse.

— Les infames! malheur à eux, car de ce pas, je cours instruire mon père, les démasquer à ses yeux, s'écrie Diana, hors d'elle.

— Diana, un instant; j'osai te croire d'accord avec ce de Brissac pour contrarier une petite vengeance que je méditais contre lui, et qui devait s'exécuter à ma maison d'Anières, vengeance dont le malheureux Tourniquet fut seul la victime, et moi, la mystifiée. Laisse-moi donc aujourd'hui prendre ma revanche en me cédant, ce soir, en secret, ta place dans cette chambre.

— Malheureuse! à quel danger veux-tu t'exposer? s'écrie, Diana.

— Oh, ne crains rien; j'aurai des protecteurs cachés sous les rideaux de cette alcove; ainsi donc, sans que je puisse être aperçue de personne, conduis-moi près de ton père et de ta mère, courons leur apprendre les infames menées, leur dévoiler la perfidie de ces hommes, qui se sont faits vos amis afin de mieux vous tromper, et vous étouffer dans leurs embrassemens.

— Allons, répond Diana, qui entraîne aussitôt Charlotte, qu'à travers plusieurs passages déserts, elle conduit dans une chambre, où elle la met en présence de ses parens. En apercevant la jeune fille, à qui ils étaient loin de penser, M. Ledoux, dans sa surprise, laisse échapper de ses mains le journal qu'il parcourait, et madame Ledoux, brûler deux papillotes de son tour de cheveux, qu'elle passait en ce moment au fer.

— Vous ici, mademoiselle ?..

— Moi-même, mon cher ex-propriétaire, moi-même dont la visite en ce pays lointain est, j'espère, une preuve convainquante de l'amitié que je vous porte.

— Sans doute, sans doute ! mais....

— Ma bonne mère, ne perdons pas en demandes et réponses inutiles un temps cent fois précieux ; écoutez à votre tour, avec autant de surprise que d'indignation, ce que, dans sa bonne amitié, son généreux dévouement, Charlotte est venue m'apprendre, dit Diana vivement et les larmes aux yeux, en interrompant sa mère.

— Bah ! il y a du nouveau ? voyons, voyons fait l'ex-droguiste en approchant son siége de celui sur lequel Diana vient de faire asseoir Charlotte.

— Et ce sont ces nouvelles qui te font pleurer, chère Diana ? Je gage qu'il est encore question de ton polisson de mari. Mademoiselle avait bien besoin de venir te retrouver de si loin pour raviver tes chagrins en t'entretenant d'un pareil homme !

— Ecoutez, vous dis-je, ma mère, et votre injustice cessera envers mes généreux amis.

— Oui, écoutons, fait le mari en prêtant l'oreille. Alors, grand récit, grandes explications faites et données par Charlotte, pendant lesquelles l'ex-droguiste et sa femme, en écoutant, ouvrent de grands yeux qu'ils lèvent vers le ciel en poussant force hélas et soupirs. Charlotte a dit.

— Comment, Valentine est sa fille ? fait

madame Ledoux, à qui les bras tombent de surprise.

— Comment, mon ami Daubremont s'est conduit de la sorte ? voilà qui me casse bras et jambes !.. Femme, il nous faut à l'instant même décamper de la demeure de cet homme-là, regagner la France, Luzarche, et fermer notre porte à tous ces hypocrites.

— Il faut arracher aupavant les yeux à ces deux coquins qui prétendent déshonorer notre fille, après avoir porté la ruine, la discorde dans son ménage ! s'écrie la vieille dame, furieuse et crispant les doigts.

—Il faut, ainsi que Diana et moi en sommes convenues, garder le silence envers Daubremont et de Brissac, et attendre l'exécution de la petite vengeance que je me propose d'exercer ce soir à leurs dépens, répond Charlotte.

— Hélas ! veux-tu me condamner, Charlotte, à passer cette journée entière sans tomber dans les bras de mon époux, et sans implorer de sa clémence le pardon de mon injuste crédulité ? dit Diana avec empressement.

— Pas du tout; la preuve, c'est que je t'offre de te conduire à l'instant près de lui.

— Partons à l'instant, Charlotte, fait la jeune femme en se levant vivement.

— Un instant donc, Diana ; n'est-il pas nécessaire avant de faire cette démarche de bien s'assurer si vraiment Dulac est aussi innocent que mademoiselle Fontaine le dit être, observe madame Ledoux.

— Merci de la confiance, madame ! répond gaîment Charlotte.

— Ma mère, votre doute est une offense pour mon amie.

— Certainement, une impertinence dans toute la force du terme. Oui, mes enfans, expliquez-moi quelles sont vos intentions, quelle vengeance vous comptez tirer de ces misérables, et j'entre dans votre complot, dit M. Ledoux.

— Venez avec nous à Lithenthall, où nous attend votre gendre avec la plus vive impatience, et je vous expliquerai tout en chemin, répond Charlotte.

— Qu'en-dites vous, madame Ledoux ? questionne le mari.

— Que j'accepte de grand cœur, qu'il me sera doux de retrouver dans l'époux de ma fille un homme honnête et fidèle à sa femme. Un instant encore accordé aux préparatifs, puis, profitant de l'absence de Daubremont et de son complice, qu'ils savent en ce moment en train de battre la campagne, ils s'échappent tous par une porte secrète donnant sur un chemin isolé, et se dirigent en hâte et tout en courant vers le bourg par des sentiers ombreux, cela, afin d'éviter la grande route, où ils courraient le risque de rencontrer Daubremont et de Brissac. Dulac, dans l'incertitude du succès de l'entreprise que Charlotte allait tenter, ne pouvait demeurer en place. Une heure à peine s'était écoulée depuis le départ de la jeune fille, que l'impatient époux, accompagné de Tourniquet, non moins inquiet que lui, parcourrait la route par où Charlotte était partie, par où elle devait revenir.

— Ah ! je crois l'apercevoir là-bas, là-bas, dit Tourniquet, dont les regards, ainsi que ceux de Dulac, étaient constamment fixés au loin. Alors Dulac de quitter vivement le tertre sur lequel il s'était assis, de fixer l'objet indiqué, de s'avancer même au devant d'un pas rapide. Vain espoir ! ce n'était pas Charlotte, mais bien un charbonnier qui arrivait en chantant. Deux heures se font entendre, puis trois, quatre, et Charlotte n'est pas revenue encore. L'inquiétude de Dulac est à son comble, et la faim qui talonne Tourniquet est extrême; aussi ce dernier conjure-t-il le notaire de regagner le bourg, en assurant le retour de Charlotte qui se sera effectué par un autre chemin, de Charlotte qui les attend sans doute, et s'impatiente de leur absence. Dulac cède à cette supposition, elle seule l'engage à retourner à Lithenthall, dont ils étaient éloignés d'un quart de lieu au plus. Ils rebroussent chemin, atteignent le bourg, puis leur auberge où ils s'informent si Charlotte est de retour, où ils apprennent avec surprise que la jeune fille les attend depuis midi. Dulac, en maudissant le retard dont il est cause, s'élance sur l'escalier, gagne l'appartement, ouvre la porte de sa chambre, et recule de surprise en y apercevant, qui? Diana seule qui lui tend les bras. Dulac, étouffé par la joie, l'émotion, n'a pas la force de prononcer une parole, mais tombe en larmes aux pieds de sa femme.

— Arrête, ne t'humilie pas en ma présence, mon Edouard ; c'est à moi à tomber à tes genoux, à te demander grâce de ma conduite, d'avoir osé douter un instant de ton amour, de ta constance : aime-moi comme désormais je veux toujours t'aimer, et le bonheur sera pour nous, s'écrie Diana en se penchant vers son époux, en le pressant dans ses bras, en le couvrant de ses tendres carresses.

— Oh, Diana! vois mon repentir, mes larmes, fait Dulac avec effort.

— Ami, prends courage, tu es innocent,

oui, Charlotte m'a tout dit : tu n'as donc point de larmes à verser; et fusses-tu coupable, mon cœur serait encore trop heureux de te pardonner. Un si doux accueil, tant de générosité raniment les forces de Dulac; il se relève, presse Diana entre ses bras, sur son cœur; sa bouche cherche la sienne, et y puise les plus délicieuses caresses.

— Ah, Dulac, pourquoi avoir manqué de confiance envers ton épouse? que de chagrins nous nous serions épargnés! murmure Diana heureuse.

— Pardonne, ô mon amie, de t'avoir méconnue !

— Édouard, combien j'ai hâte de revoir Valentine ta fille chérie! d'en faire ma compagne, mon amie... Ah! je l'aimerai; Dulac, sois en sûr; oui je l'aimerai comme mon enfant, ma sœur, presque autant que je t'aime, mon Édouard, car j'ai eu de grands torts envers elle, et je meure d'impatience de les réparer. Un long instant d'entretien entre les deux époux, où l'un et l'autre se racontent leurs peines, où la prudente Diana, craintive d'un malheur, fit mystère à Dulac de l'odieuse entreprise que devait tenter de Brissac la nuit prochaine; puis, l'arrivée de Charlotte, accompagnée de M. et de madame Ledoux ainsi que de Tourniquet qui viennent frapper à la porte, et à qui Dulac, s'arrachant à l'amour et aux bras de Diana, court ouvrir pour se voir aussitôt entouré de tous ses amis à qui il prodigue et dont il reçoit les plus sincères caresses.

— Mon gendre, nous avons été de fameuses dupes tous tant que nous sommes ici.

— Ce Daubremont, agir ainsi envers des

amis, le monstre ! fait madame Ledoux. Alors, de s'élever un concert d'imprécations contre les moteurs de tant de peines; puis le calme succède aussitôt; et nos héros de convenir d'un départ général pour le lendemain et de passer le reste de la journée, même une partie de la soirée, à fêter l'heureuse réconciliation des époux et de la famille avec leur gendre Dulac, envers qui Diana a usé de tout le pouvoir qu'elle exerçait sur lui pour le faire renoncer à ses projets de vengeance, et promettre qu'il ne se rendrait pas à la maison de campagne, comme il en brûlait d'impatience, afin d'y rencontrer ses deux ennemis. Dulac donc passera la nuit avec sa femme à l'auberge de Littenthall; et, sous le pretexte d'aller tout disposer pour le départ, les époux Ledoux, Charlotte et Tourniquet iront coucher à la maison de campagne dite *le Château Rouge,* où, en secret et avec eux, se rendront le bourgmestre du canton accompagné de trois soldats, le tout requis par le père de Diana, et sur une dénonciation d'attentat à la pudeur prémédité sur sa fille, et violation de domicile, la nuit, à l'aide de fausses clés. Tels sont les arrangemens convenus, et que l'heure commande de mettre à exécution.

La onzième heure de la soirée était sonnée lorsque nos gens, après avoir quitté à quelque distance la voiture qui les avait amenés, pénétrèrent en silence et par la petite porte dans la maison, où ils gagnèrent aussitôt, et sans bruit, la chambre de Diana, moins M. et Madame Ledoux cependant qui, afin de faire savoir leur retour et leur présence, se rendirent dans leur appartement en ayant soin d'élever la voix en passant près des chambres de Daubremont et de de Brissac, situées non loin de la leur, et où régnaient l'obscurité et le plus profond silence.

— Ce sont eux ! D'où diable viennent-ils ? disait, bas à l'oreille de de Brissac, Daubremont enfermé dans la chambre du jeune homme.

— De quelque excursion lointaine et champêtre, sans doute ; mais les voilà de retour, c'est le principal !

— A ça, mon cher, nous sommes toujours décidé à passer cette nuit dans les délices ? J'espère que le retour de la belle victime que je vous contraint à sacrifier dans quelques instans sur les autels de l'Amour, ne fait point faiblir votre courage, votre noble détermination ?

— Non assurément ! Diana, cette nuit, sera perdue pour son époux, je vous le jure.

— Au surplus, et tout bien considéré, il y a tout à parier que la sylphide s'humanisera en votre faveur; il est grand temps, ma foi! car, à votre lenteur, je commençais à désespérer d'un dénoûment selon mes vœux.

— Croyez-vous donc que jusqu'ici je n'aie pas tout tenté, tout employé pour amener un arrangement amiable, ce qui a produit, hélas! tout le contraire de ce que j'en attentendais : car il est survenu, en ma faveur, à notre héroïne, un surcroît d'aversion qui va même jusqu'à m'exclure de sa présence, en un mot, qui m'ôte tout espoir d'avoir la plus petite faveur par composition.

— Ce qui fait que vous vous rendez à mes conseils plus par dépit que par obligeance. Enfin, qu'importe, pourvu que, cette nuit? la belle soit conquise *in extremis*.

— Soyez sans inquiétude, je vous promets

qu'il n'y aura nulle pitié de ma part, que, dans cette circonstance, je deploierai toute mon adresse à étouffer les cris, à comprimer les efforts de la pudeur et brusquer l'indécision ; puis, une fois la pudeur expirante, d'employer, afin de la ramener à la clémence, toute la réthorique du plaisir, tout l'art de la volupté pour paralyser son courroux.

— Bravo !... vraiment, mon cher, rien qu'à vous entendre, l'eau m'en vient à la bouche. Ah ! quelle nuit ! quelle délicieuse aventure ! Cette femme est si belle, tant de grâces l'animent, que sa possession doit rendre on m an l'égal des dieux. Ainsi causaient Daubremont et de Brissac lorsque l'horloge, placée au-dessus de la maison, fit entendre la première heure de la nuit ; alors Daubremont remettant à de Brissac une clé que son poli indiquait comme étant de nouvelle fabrique, il lui dit :

— Voici le passe-partout du ciel, heureux Lovelace; allez, il en est temps, et que Venus et son fils couronnent votre galante entreprise. Surtout, de Brissac, n'allez pas vous oublier dans les bras de votre conquête trop avant dans la matinée; songez un peu que je serai ici à vous attendre, avide de détails et de savoir ma vengeance accomplie. De Brissac promet tout ce que veut Daubremont qu'il quitte pour s'acheminer, sans bruit et bien déterminé, vers la chambre de Diana. D'abord un long corridor, un petit escalier à descendre, un autre à monter, puis la porte où sommeille la beauté, loin de ses parens et de sa femme de chambre, dont elle est séparée par plusieurs pièces desquelles de Brissac, dans la soirée, a coupé le fil des sonnettes. Le jeune homme est armé de la clé; mais pourquoi tremble-t-il en l'introduisant doucement, doucement dans le trou de la serrure ? Ah ! c'est que le plus déterminé doit éprouver semblable émotion lorsqu'il est prêt à commettre une action infâme. La clé tourne, la porte s'ouvre, et de Brissac pénètre dans la chambre où règne l'obscurité et un silence qu'interrompt seulement la douce respiration de celle qui, en ce moment, sommeillait paisiblement sur le lit près duquel de Brissac s'approcha à pas lents et silencieux. La main du jeune homme se pose sur un corps adorable d'où s'exhale une chaleur voluptueuse, puis elle se promène sur un visage où elle rencontre une bouche adorable sur laquelle les lèvres de de Brissac se posent avec amour. Alors, un cri s'échappe, des bras sortent du lit et repoussent le téméraire.

— Diana, calmez vos craintes, et reconnaissez en moi l'amant qui vous adore, celui que vos rigueurs exaspèrent et font mourir de douleur et d'amour.

— Vous ici! retirez-vous, monsieur, ou j'appelle à mon secours, dit une voix faible que paraît suffoquer l'émotion.

— Non, n'espérez nul secours, cruelle ! toutes les dispositions sont prises pour que vous m'apparteniez cette nuit, pour que je sois le plus heureux des amans ! En parlant ainsi, de Brissac entourait de ses bras celle qu'il voulait violenter, la pressait, et de sa bouche hardie essayait de lui prodiguer des caresses que repoussait la victime.

— Pitié, pitié, monsieur; au nom du ciel, renoncez à cet infâme projet! mon époux...

— Ton époux! ah, tu es perdue pour lui, car désormais c'est à moi seul que tu dois appartenir. De Brissac, en parlant, continue ses entreprises amoureuses; la femme essaie de pousser des cris que le violenteur s'efforce d'étouffer. Mais, oh prodige, cette créature si faible d'abord, dont de Brissac comprimait si facilement les gestes et les mouvemens de qui il allait être l'heureux et coupable vainqueur, cette femme donc, s'armant d'une force masculine, saisit à son tour les bras du séducteur, les presse d'une main de fer, puis s'élance d'un bond hors du lit sur lequel elle renverse le délicat de Brissac.

— Non, brave sire, ce ne sera pas encore cette nuit que vous couronnerez votre œuvre amoureuse... A moi, mes amis ! s'écrie Tourniquet, dont de Brissac a reconnu la voix, et que, dans sa fureur, il tient à la gorge. A cet appel, la chambre s'illumine subitement, et de Brissac effrayé, lâchant Tourniquet et promenant son regard dans la chambre, se voit, avec autant de honte que de surprise, en présence d'un bourgmestre revêtu de ses insignes, de M. et de Madame Ledoux, puis de Charlotte qui, cachée d'abord derrière le lit, s'était chargée du dialogue de la scène, tandis que Tourniquet, dans le lit, figurait le personnage de Diana.

— De par le grand duc et la loi, vous êtes mon prisonnier, monsieur, fait entendre le bourgmestre en posant le doigt sur de Brissac qui, atterré, reste muet et les yeux baissés.

— Ha! ha! jeune homme, vous ne vous attendriez pas à celle-là, pas vrai? Merci de l'amitié que vous portiez à ma fille, car elle ressemble trop à celle d'un serpent qui fascine d'abord sa proie pour mieux l'étouffer après, fait entendre M. Ledoux.

— Monsieur de Brissac, sans rancune; n'en veuillez pas trop à Tourniquet ainsi qu'à moi d'avoir servi l'amitié contre la haine d'un ennemi.

— Je n'en veux à aucun de vous; j'ai

mérité ma honte et votre mépris, je le sais, en me faisant sottement l'instrument de la vengeance d'un Daubremont, dit enfin de Brissac, revenu de sa confusion, et d'un ton assez gai.

— Alors, nous consentons à retirer la plainte portée contre vous, et prions monsieur le bourgmestre de vouloir bien vous laisser libre, dit Charlotte.

— Libre d'aller prendre, à Paris, les chaînes que votre indulgence daigne briser ici, car un implacable créancier, armé d'une fatale prise de corps, m'attend ici près, pour me faire payer de ma liberté ma défaite de cette nuit.

— Oui, un crime devait être le prix de votre créance, nous savons cela, monsieur de Brissac; mauvais moyen de payer ses dettes ! fait entendre madame Ledoux.

— Mais où donc est ce misérable Daubremont? s'informe M. Ledoux.

— Sur son lit, où le sang, ainsi que la rage de voir échouer ses projets, l'étouffent en ce moment, répond Tourniquet, qui, après s'être absenté, rentrait en ce moment dans la chambre.

— A tout péché miséricorde; allons le secourir, s'écrie Charlotte. Et tout le monde de courir en hâte chez le malade, qu'on trouve, en effet, étendu sur son lit, entouré des domestiques de la maison, Daubremont enfin, qui, sans voix, le visage et le cou cramoisis, roule des yeux furieux et à moitié hors de la tête.

— Cet homme va mourir; vite des secours! dit M. Ledoux.

— Oui, un médecin, une saignée abondante, ou c'en est fait de lui, dit le bourgmestre.

— A cheval un domestique pour courir au village, et ramener un chirugien ! s'écrie-t-on. Une heure d'attente consacrée à donner des soins à Daubremont, soins inutiles, insuffisans, que le moribond semble même repousser de la part de celui que les lui prodigues, de M. Ledoux enfin ; puis arrive l'homme de l'art, dont le regard se fixe sur le malade, et dont la voix fait entendre ces mots :

— Il est trop tard, cet homme n'existe plus. En effet, le sang venait d'étrangler, dans la personne de Dargenson dit Daubremont, l'ennemi mortel de Dulac, le créancier de de Brissac, et l'ami perfide de la famille Ledoux.

CHAPITRE X.

Un peu de courage, et dan
peu, je l'espère, du bonheu
ils prendront tous le chemin.

Conclusion.

— Comment, vous avez fait tout cela, ma trois fois adorable? Vous êtes la Providence de cette famille, de ce pauvre Dulac, disait le banquier Folicourt à Charlotte qu'il pressait dans ses bras; cela à la maison d'Anières où la jeune fille était de retour.

— Oui, grâces à mes soins, l'honneur de Dulac est sauf, l'ordre du ministre révoqué, le notaire réinstallé dans son étude, sa femme dans son boudoir, enfin toute la famille réconciliée et en parfaite intelligence ; plus, de Brissac pardonné en faveur de son repentir, et en voyage pour aller en Bourgogne recueillir le dernier soupir et recevoir la fortune d'une vieille tante qui s'amuse à mourir ; enfin, dans tout ce monde, il n'y a plus que trois êtres encore qui soient à plaindre et malheureux, termine la jeune fille en soupirant.

—Ah, bah ! et quels sont ces infortunés que le sort n'a pas encore favorisés ?

— André d'abord, qui est inconsolable de la perte de Valentine, qu'il cherche depuis un mois sans pouvoir découvrir la retraite où on la retient captive ; ensuite, Valentine qui, loin d'André, doit se désoler, mourir de chagrin et d'ennui ; troisièment, moi, Charlotte Fontaine, dont vous ne vous empressez nullement de rétablir la réputation et d'assurer le sort en la faisant votre femme, selon votre promesse.

— Charlotte, douce amie, pas de reproches, mais un peu de patience, car votre conduite en me révélant vos précieuses qualités m'a tout-à-fait décidé ; oui, mon astre, je veux être votre époux, je veux que vous partagiez ma fortune, que vous ayiez un nom, un titre dans le monde, et cela avant un mois. Préparez-vous donc à me suivre à l'autel, et comme dans un certain Opéra dont je ne me rappelle pas le titre, chantons ensemble : *L'Amour à jamais nous engage, Fut-il un plus beau sort*, etc., etc....

— Ce sont les Danaïdes, monsieur.

—C'est cela même! les Danaïdes. A propos,

que devient la fortune de ce Daubremont? interroge Folicourt.

— L'héritage de Valentine, seul enfant issu du mariage de Daubremont avec Marie, et cela quand même!

— Et qui s'occupe, en l'absence de cette mineure, de recueillir l'héritage du tuteur?

— Dulac, nommé tuteur de la jeune fille ce matin même.

— Voilà qui s'arrange pour le mieux, père et tuteur, mais c'est charmant! fait le petit banquier en riant.

Laissons ces deux amans continuer leur entretien en tête à tête, et retournant à Paris, jetons un regard, et prêtons l'oreille à ce qui se fait chez le notaire Dulac. D'abord au rez-de-chaussée une étude installée et paisible, des clercs qui, jaloux de seconder les efforts de leur patron, d'aider au rétablissement de sa fortune, ont renoncé à faire des vaudevilles et des caricatures sur le papier timbré, qu'ils réservent maintenant pour son véritable usage. Au premier, un appartement, et dans une de ses pièces, Dulac assis près de Diana, Diana dont son bras entoure la taille gracieuse, de Diana qui sourit à son époux, et lui jure amour et fidélité en retour de sa confiance à venir, et qui, rappelée à la raison, donne à son époux le conseil de réformer équipage et laquais superflus; plus, de faire porter ausssitôt chez le banquier Folicourt un à compte de deux cent cinquante mille francs sur la somme qu'il a prêtée si généreusement. Dulac souri à tout ; mais pourquoi en ce moment sur son visage, d'abord si gracieux, une teinte de profonde tristesse se répand-elle aussitôt? Ah! c'est que le souvenir de cette fille chérie, que son cœur et celui de Diana, appellent de toute leur force, vient de se jeter à la traverse dans son bonheur ; c'est qu'il ne peut être véritablement heureux que lorsqu'il aura retrouvé son enfant, qui jusqu'alors a échappé à ses recherches, à celles si nombreuses et si actives de l'amoureux André ; André, l'époux que Dulac destine à Valentine, avec un million de dot, montant de la fortune de feu Daubremont. Maintenant, le second étage ; nous y voyons un vaste appartement que décorent, en ce moment, un tapissier, sous les ordres de Madame Ledoux, ces deux derniers décidés à venir passer tous les hivers près de leur gendre et de Diana, et qui, avant de retourner à Luzarche passer la belle saison dans leur propriété champêtre, se font préparer un réduit élégant et commode où les ramèneront dans un mois, les frimats et la chute des feuilles. Encore un étage, et nous sommes aux mansardes. Là, dans une petite chambre, les coudes appuyés sur une table, devant laquelle il est assis, et le front dans les deux mains, Tourniquet, seul et en silence, après avoir déserté l'étude, se livre à de profondes et sérieuses réflexions.

— Oui, ce parti est le plus sage, l'honneur et l'amitié m'en font une loi : au diable la bazoche, la cléricature ! enfoncé aussi, ma passion, qui, depuis trop long-temps, me rend le plus stupide des hommes, une passion extravagante à laquelle j'ai sacrifié le plus productif des états pour me transformer en misérable saute-ruisseau au pied léger, et cela pour la valeur de vingt francs par mois. Honte ! stupidité ! qui ne m'ont rendu que plus ridicule aux yeux de la femme cause unique de ces sottises ! A moi la droguerie, l'épice, la sarpillière, le mortier et son pillon; à moi le travail et la fortune ! Cela dit, Tourniquet se lève, donne un coup de brosse à son habit, à son chapeau, puis gagne la rue et le quartier des Lombards, où, enfilant la rue des Cinq-Diamans, il arrive à son ancienne demeure, actuellement maison de commerce d'André. C'est dans le cabinet du négociant qu'il pénètre, où il trouve André à son bureau, André qui l'accueille en ami, à qui il fait part de sa nouvelle décision, de qui il implore sa réinstallation dans ses fonctions de garçon droguiste du magasin.

— Soyez le bien venu, Tourniquet; oui, je connais votre intelligence, votre probité; oui, j'accepte votre offre, vos services; dès ce moment devenez mon premier commis, un second moi-même ici, si douze cent francs par an, la table et le logement font votre affaire.

— Superbe! accepté! Vite le tablier, et en fonctions, répond Tourniquet en mettant aussitôt habit bas.

— Un moment donc, causons un peu avant, et donne-moi, mon cher, des nouvelles de nos amis, que je n'ai pas revus depuis deux jours, dit André.

— Santé, affaire, tout va le mieux du monde; et pour que le bonheur soit parfait, il ne manque plus que de retrouver Valentine.

— Valentine, oh! oui, tel est le vœux le plus cher de mon cœur, soupire le jeune homme.

— A ça, mais où diable votre rancunier d'oncle a-t-il pu nicher cette pauvre fille?

— Hélas, je l'ignore, car toutes mes démarches, jusqu'à ce jour, ont été sans résultat pour découvrir la retraite de l'infortunée.

— Mais la police qui l'a fait, arrêter?.. répond Tourniquet.

— Après l'avoir enlevée à Dulac, ses agens l'ont remise, m'a-t-on répondu, entre les mains de deux religieuses.

— Qui la tiennent, sans nul doute, cloîtrée dans leur maison ; mais, il ne s'agit alors que de faire chercher dans tous les couvens.

— C'est ce que je me suis empressé de faire dans toutes les maisons religieuses de Paris.

— Diable! diable! c'est assez embarrassant tout cela, murmure Tourniquet en réfléchissant.

— Mon cruel et implacable oncle l'aura fait entraîner loin de Paris, sans doute, hors la France, peu-têtre, afin de la ravir plus sûrement à la tendresse de Dulac, ainsi qu'à mon amour; or, Valentine est perdue pour moi !

— Valentine, un jour, sera majeure, libre de ses actions, et elle reviendra.

— Tourniquet, mon cher Tourniquet, s'il me faut attendre ce temps, Valentine ne retrouvera plus André, que son absence aura tué !...

Six mois encore, et la supérieure du couvent d'Issy faisait appeler la sœur Valentine, qui, pâle, amaigrie, et les yeux baissés, se rendit à sa demande.

— Asseyez-vous, mon enfant, puis, écoutez votre mère...

La jeune fille obéit en se plaçant sur un siége bas aux pieds de la religieuse.

— Votre piété, vos vertus, reprend la vénérable femme, font désirer à toutes nos sœurs, ainsi qu'à moi, le bonheur de vous compter parmi nous, comme une sainte fille vouée entièrement au service du Seigneur. Consentez-vous, Valentine, à recevoir notre habit, à prononcer des vœux qui vous attacheront à nos saints devoirs, autant qu'il vous plaira de le remplir?

— J'aime cette demeure, madame, j'aime et j'admire les saintes femmes qui m'y ont recueillie et comblée de tous les soins, de la tendresse d'une mère; mais ma vocation ne m'appelle point au saint état qu'elles remplissent.

— Vous refusez, Valentine; hélas, qu'allez-vous devenir dans ce monde, où vous désirez rentrer? Sachez, mon enfant, que depuis cinq mois, on a cessé de payer ici votre pension, et que nous n'avons plus entendu parler de la personne qui vous confia à nos soins.

— Cet homme, madame, qui se disait être mon père, qui m'a fait ravir à celui qui l'est effectivement, se sera sans doute lassé de me persécuter, et m'aura oubliée entièrement.

— Oui, je présume cela; mais, mon enfant, en refusant de prononcer des vœux qui vous lieraient à notre ordre, vous ne pouvez, sans payer pension, rester davantage en cette maison, et c'est avec peine que, sans nulles ressources pour exister, je vous verrais en sortir, vous séparer de moi.

— J'ai des amis, madame, des amis généreux qui m'offriront un asile, et me serviront de père et de mère, et m'accueilleront avec joie, si vous daignez me conduire vers eux, répond Valentine.

— Qui sont-ils? leur nom, leur demeure?

— M. et madame Bertrand, vénérables vieillards, anciens amis de mon aïeule; ils habitent, à Courbevoie, une petite maison, où ils existent d'un honnête revenu.

— Et vous êtes certaine qu'ils vous accueilleront en qualité d'enfant?

— C'est ainsi qu'ils me traitèrent, après la mort de ma mère qui me laissait seule au monde.

— Alors, que le ciel les bénisse et leur rende tout le bien qu'il vous ont fait et vous feront encore, mon enfant; demain je vous conduirai à eux.

La religieuse tint parole, car, dans la

matinée du lendemain, les vieillards Bertrand ouvraient leurs bras pour y presser Valentine avec transport et joie, Valentine à qui, et en présence de la supérieure, ils s'empressèrent d'annoncer la mort de Daubremont, la fortune dont elle a hérité depuis cinq mois, et le bonheur dont jouissait actuellement Dulac près de son épouse.

— Et André?.. interroge la jeune fille avec timidité.

— Il t'aime toujours, mon enfant, et se désespère de ta perte.

—Ah! le ciel soit loué de tout le bien dont il a comblé mes amis, dont il me comble en ce moment, s'écrie Valentine avec ferveur.

Ce jour même, la jeune fille fut rendue aux caresses de Dulac et de Diana, à l'amour de son cher André.

Un mois après cette heureuse réunion, se célébrèrent, le même jour, la noce d'André et de Valentine, celle de Charlotte avec le banquier Folicourt.

Quant à de Brissac, devenu héritier de la fortune de sa tante, il se fit aussi enlever par la fille d'un lord anglais, qu'il épousa ensuite à Naples, afin d'éviter un duel avec chacun des frères de la sensible demoiselle.

Tourniquet, guéri de sa passion pour Diana, aimé, estimé de tous ses amis, devint, un an après, le successeur d'André, dans la maison de commerce de la rue des Cinq-Diamans, où il épousa une riche dot dans la fille unique d'un célèbre confiseur du quartier des Lombards.

FIN.

Paris — Imp. de P. Baudouin, rue des Boucheries-St-G., 38.

www.ingramcontent.com/pod-product-compliance
Lightning Source LLC
Chambersburg PA
CBHW050307170426
43202CB00011B/1813